Der **Steuerversteher** 2016

Hans W. Fröhlich

Liebe Leserin,
lieber Leser,

kann man das deutsche Steuerrecht verstehen? Nein, sagen viele Bürger. Sogar ein paar Steuerexperten schütteln energisch den Kopf. Muss man gar nicht, sagen die eher lösungsorientierten Typen, und alle haben recht.

Ein nüchterner Blick auf das Einkommensteuerrecht zeigt nämlich zweierlei: Erstens sind die Grundregeln für die große Mehrheit der Bürger, also für Arbeitnehmer, Ruheständler und Kleinunternehmer, kein Buch mit sieben Siegeln. Bei etwas Beschäftigung mit dem (zugegeben drögen) Stoff sind die wichtigsten Regeln nachvollziehbar, jedenfalls soweit es die eigene steuerliche Lage betrifft. Zweitens ist es vor allem die Flut von Spezialregeln, die Schwierigkeiten bereitet. Die gelten aber überwiegend für Spezialfälle, mit denen die wenigsten zu tun haben. Wer muss schon ernsthaft wissen, wie die „gewinnabführungsbedingte Teilwertabschreibung einer Mehrmütterorganschaft" funktioniert?

Richtig ärgerlich wird es aber, wenn selbst einfachste Zusammenhänge im „Fachchinesisch" von Experten untergehen. „Das muss nicht sein, das lässt sich ändern", lautet das Anliegen dieses Büchleins. Deswegen nähern wir uns per ABC den wichtigsten Grundbegriffen und Zusammenhängen. Wir erläutern sie so, dass Laien sie verstehen. Zusammen mit einem ordnenden Blick auf Neuentwicklungen und einem ausführlichen Begriffsverzeichnis macht das Leser zu Steuerverstehern.

Inhaltsverzeichnis

7 Neues von der Steuer

- 8 Steuergesetze
- 16 Finanzverwaltung
- 22 Finanzgerichte

27 Begriffe und Tipps von A bis Z

- 29 Abfindung
- 30 AfA
- 31 Alleinerziehende
- 32 Altersentlastungsbetrag
- 33 Altersvorsorge
- 35 Angehörige
- 36 Arbeitgeberleistungen
- 37 Arbeitnehmer
- 40 Arbeitnehmerpauschbetrag
- 41 Arbeitslose
- 42 Arbeitsmittel
- 43 Arbeitsweg
- 44 Arbeitszimmer
- 45 Aufwandsentschädigungen
- 47 Ausbildungsfreibetrag
- 47 Ausbildungskosten
- 49 Außergewöhnliche Belastungen
- 50 Beamte
- 51 Behinderte
- 52 Berufskleidung
- 53 Betriebliche Altersvorsorge
- 54 Betriebsausgaben
- 55 Bewerbungskosten
- 56 Dienstwagen
- 57 Doppelte Haushaltsführung
- 59 Ehe-/Lebenspartner
- 60 Einkünfte
- 61 ELStAM
- 62 ELSTER
- 63 Existenzgründer
- 64 Ferienjob
- 65 Finanzgerichte
- 66 Freiberufler
- 67 Freibeträge/Freigrenzen
- 68 Freistellungsauftrag
- 69 Fristen und Termine
- 70 Gewerbesteuer
- 71 Gewerbetreibende
- 72 Grunderwerbsteuer
- 73 Handwerkerleistungen
- 75 Härteausgleich
- 76 Haushaltsnahe Dienstleistungen

78 Kapitalerträge
80 Kinder
82 Kinderbetreuungskosten
83 Kinderfreibetrag
85 Kindergeld
85 Kirchensteuer
86 Kleinunternehmer
88 Krankenversicherung
91 Krankheitskosten
92 Ländergruppen
93 Lohnersatzleistungen
96 Lohnsteuerermäßigung
99 Lohnsteuer-Jahresausgleich
100 Lohnsteuerklassen
103 Lohnzuschläge
105 Midijob
106 Minijob
107 Parteispenden
108 Pensionäre
110 Pflegekosten
112 Pflegeversicherung
113 Reisekosten
115 Rentenbesteuerung
118 Rentner
120 Riester-Förderung
121 Schulgeld
122 Selbstanzeige
123 Solidaritätszuschlag
123 Sonderausgaben
124 Sonstige Einkünfte
125 Spenden
126 Steuerberatung
128 Steuerbescheid
130 Steuererklärung
133 Steuersätze
135 Umsatzsteuer
136 Umzugskosten
138 Unterhalt
140 Verluste
142 Vermietung
144 Vermögenswirksame Leistungen
145 Versicherungsbeiträge
148 Vorsorgepauschale
149 Werbungskosten
152 Zumutbare Belastung

154 Tabellen

166 Register

§

NEUIGKEITEN

Neues
von der
Steuer

Steuergesetze

Immer neue Steuergesetze, Verwaltungsvorschriften und Gerichtsentscheidungen bilden einen scheinbar unversiegbaren Papier- und Datenstrom. Aber auch der lässt sich lenken und kanalisieren. Die folgenden Seiten behandeln deshalb nur solche Neuentwicklungen, die steuerliche Grundregeln und größere Gruppen von Steuerzahlern betreffen. Auch Menschen ohne Steuerspezialkenntnisse können sich hier orientieren. Die gelb markierten Begriffe finden Sie ausführlich erläutert unter „Begriffe und Tipps von A bis Z" ab Seite 29. Auf den folgenden Seiten geht es um eine Auswahl von Steuergesetzen, die ab 2015 oder 2016 gelten.

NEUIGKEITEN

Grundfreibetrag & Co

Das „Gesetz zur Anhebung des Grundfreibetrags, des Kinderfreibetrags, des Kindergeldes und des Kinderzuschlags" entlastet alle Steuerzahler 2015 und 2016 in geringem Umfang. Eltern erhalten zusätzliche Unterstützung, die aber ebenfalls bescheiden ausfällt.

Der **Grundfreibetrag** steigt 2015 von 8 354 Euro auf 8 472 Euro pro Person. Dieser → Freibetrag wird oft auch als Existenzminimum bezeichnet, das nicht besteuert werden darf. Für → Ehe-/Lebenspartner verdoppelt er sich 2015 auf 16 944 Euro im Jahr. Die Erhöhung von 118 Euro bringt eine Einkommensteuerentlastung von höchstens 23 Euro pro Person im Jahr, also in jedem Fall von weniger als 2 Euro im Monat. Bei Ehepaaren und eingetragenen Lebenspartnern, die eine gemeinsame Steuererklärung abgeben, sind es maximal 46 Euro. Die sehr späte Verabschiedung des Gesetzes führt außerdem dazu, dass → Arbeitnehmer die Entlastung für das gesamte Jahr erst mit der Lohnabrechnung im Dezember 2015 erhalten. Auf die Lohnabrechnungen von Januar bis November 2015 wirkt sich der neue Grundfreibetrag nicht aus. Der Grundfreibetrag erhöht sich 2016 um weitere 180 Euro auf dann 8 652 Euro pro Person und Jahr, für Ehe-/Lebenspartner verdoppelt er sich auf 17 304 Euro. Außerdem wird 2016 der Steuertarif leicht geändert. Durch beide Maßnahmen sinkt 2016 die Einkommensteuerbelastung noch etwas mehr, beispielsweise für einen Alleinstehenden mit 20 000 Euro zu versteuerndem Einkommen um 51 Euro im Jahr (siehe ab Seite 67).

Der **Unterhaltsfreibetrag** für den → Unterhalt einer bedürftigen Person erhöht sich entsprechend dem Grundfreibetrag. Er kann als → außergewöhnliche Belastung im Jahr 2015 mit bis zu 8 472 Euro und im Jahr 2016 mit bis zu 8 652 Euro steuerlich geltend gemacht werden (siehe ab Seite 138).

Der → **Kinderfreibetrag** für ein → Kind steigt 2015 um 144 Euro auf

4512 Euro. Im Jahr 2016 erhöht er sich erneut auf dann 4608 Euro. Zusammen mit dem unveränderten Freibetrag für „Betreuungs- und Erziehungs- oder Ausbildungsbedarf" von 2640 Euro bleiben 2015 pro Kind 7152 Euro steuerfrei, 2016 sind es 7248 Euro. In der Regel profitieren 2015 alleinstehende Eltern ab einem zu versteuernden Einkommen von rund 31850 Euro aufwärts von den Freibeträgen. Bei Ehepaaren und eingetragenen Lebenspartnern liegt dieser Wert bei etwa 63700 Euro. Die große Mehrheit der Eltern hat deutlich weniger zu versteuern. Für diese Eltern bringt das → **Kindergeld** mehr als die Kinderfreibeträge (siehe ab Seite 83).

Das **Kindergeld** erhöht sich in zwei Schritten: 2015 zunächst um jeweils 4 Euro monatlich pro Kind und 2016 um weitere 2 Euro im Monat. Damit gibt es (rückwirkend zum 1. Januar) 2015 für das 1. und 2. Kind monatlich statt 184 Euro 188 Euro Kindergeld. Für das dritte Kind sind es statt 190 Euro 194 Euro und für jedes weitere Kind anstelle von 215 Euro 219 Euro. Im Jahr 2016 erhöhen sich diese Beträge nochmals um 2 Euro monatlich oder um überschaubare 24 Euro im gesamten Jahr (siehe ab Seite 85).

Der **Kinderzuschlag** steigt um 20 Euro von höchstens 140 auf höchstens 160 Euro im Monat, allerdings erst ab 1. Juli 2016. Den Zuschlag erhalten Eltern mit geringem Einkommen als Ergänzung zum → **Kindergeld**. Sie haben Anspruch darauf, wenn sie zwar ihren eigenen finanziellen Bedarf decken können, aber nicht den ihrer Kinder und nur deshalb Arbeitslosengeld II beantragen müssten.

Der **Entlastungsbetrag** für → **Alleinerziehende** erhöht sich ab 2015 für ein Kind von 1308 auf 1908 Euro. Außerdem spielt ab 2015 auch die Kinderzahl eine Rolle. Ab dem zweiten Kind gibt es zusätzlich 240 Euro pro Kind. Eine Alleinerziehende mit drei Kindern kommt so auf 2388 Euro Entlastungsbetrag im Jahr (1908 plus 2 mal 240). Alleinstehende mit einem Kind und einem zu versteuernden Einkommen von beispielsweise 30 000 Euro im Jahr zahlen 2015 rund 200 Euro weniger Einkommensteuer und Solidaritätszuschlag, bei drei Kindern sind es rund 350 Euro (siehe ab Seite 31).

Bürokratie-Entlastungsgesetz

Der Name klingt viel versprechend, das Gesetz regelt aber eher „Kleinkram".

→ Ehe-/Lebenspartnern, die ihre → Lohnsteuerklasse auswählen können und die sich für das sogenannte Faktorverfahren entschieden haben, winkt eine Erleichterung: Der Faktor, der den Lohnsteuerabzug bei beiden Partnern bestimmt, und der bisher jährlich beantragt und berechnet werden muss, wird künftig für zwei Jahre gelten. Ehe-/Lebenspartner erhalten außerdem die Möglichkeit, den Faktor bei geänderten Verhältnissen auf eigenen Antrag mehrfach anpassen zu lassen (siehe ab Seite 100). Den Beginn der Neuregelung gibt die Verwaltung per Erlass bekannt. Zu Redaktionsschluss gab es noch keinen Termin.

Für **kurzfristig Beschäftigte** darf der Arbeitgeber die Lohnsteuer pauschal abrechnen. Eine Voraussetzung dafür war bisher, dass der Arbeitslohn durchschnittlich 62 Euro je Arbeitstag nicht übersteigt. Im Zusammenhang mit der Einführung des Mindestlohns steigt diese Grenze auf 68 Euro (siehe ab Seite 64).

Die Grenzwerte für die **Buchführungs- und Aufzeichnungspflichten** von Unternehmen steigen 2016. Für den Umsatz gelten nun 600 000 statt 500 000 Euro als Schwelle, beim Gewinn 60 000 statt bisher 50 000 Euro . Mehr Unternehmen könnten so ihre Gewinne einfacher ermitteln (siehe ab Seite 86).

Der Abzug von → Kirchensteuer auf Zinsen und andere → Kapitalerträge wird ab 2016 etwas einfacher. Banken, Versicherungen, Genossenschaften und andere Institutionen, die zum Kirchensteuerabzug verpflichtet sind, müssen ihre Kunden und Anteilseigner nicht mehr jährlich über den Datenabruf zur Religionszugehörigkeit und das Widerspruchsrecht informieren, sondern nur noch zu Beginn der Geschäftsbeziehung.

Jahressteuergesetz

Offiziell heißt es „Gesetz zur Anpassung der Abgabenordnung an den Zollkodex der Union sowie zur Änderung weiterer steuerlicher Vorschriften". Es enthält einige neue Bestimmungen, die seit 2015 gelten.

Als neue steuer- und versicherungsfreie → **Arbeitgeberleistungen** darf der Arbeitgeber die kurzfristige Notbetreuung von → **Kindern** und pflegebedürftigen → **Angehörigen** der → **Arbeitnehmer** unterstützen, wenn das aus beruflichen Gründen erforderlich ist. Die Leistung ist auf 600 Euro im Jahr begrenzt (siehe ab Seite 36).

Aufwendungen für die → **Altersvorsorge** werden ab 2015 grundsätzlich bis zum Höchstbetrag der knappschaftlichen Rentenversicherung als → **Sonderausgaben** berücksichtigt. Das sind derzeit pro Person 22 172 Euro. Für → **Ehe-/Lebenspartner** verdoppelt sich der Höchstbetrag. Das betrifft Einzahlungen in die gesetzliche Rentenversicherung, in berufsständische Versorgungswerke, in die Rürup-Rente und in zertifizierte private Berufs- und Erwerbsunfähigkeitsversicherungen. Bis 2014 lag diese Grenze pro Person bei 20 000 Euro und verdoppelte sich für Ehe-/Lebenspartner ebenfalls (siehe ab Seite 33).

Im Zusammenhang mit → **Ausbildungskosten** wurde der Begriff Erstausbildung gesetzlich festgelegt. Es ist eine mindestens 12-monatige Vollzeitausbildung mit mindestens 20 Wochenstunden. Sie muss mit einem Prüfungsabschluss oder einem anderen üblichen Abschluss enden. Damit soll verhindert werden, dass nach einer kurzen preisgünstigen Erstausbildung die Kos-

NEUIGKEITEN

ten der Folgeausbildung voll als →Werbungskosten oder →Betriebsausgaben absetzbar sind (siehe ab Seite 47).

Im Rahmen von **Betriebsveranstaltungen**, etwa Feiern oder Ausflüge, gilt ein →Freibetrag von 110 Euro als steuer- und versicherungsfreie →Arbeitgeberleistung. Bis 2014 war das eine Freigrenze. Lag der Aufwand über dem Höchstbetrag, war vom ersten Euro an alles steuerpflichtig. Das ist ab 2015 nicht mehr so, 110 Euro bleiben in jedem Fall abgabenfrei. Den Freibetrag gibt es pro →Arbeitnehmer (einschließlich seiner Begleitung) zweimal im Jahr und er gilt für Speisen, Getränke, Geschenke, Darbietungen und andere Sachzuwendungen, einschließlich organisatorischer Kosten (siehe ab Seite 36).

Steuerhinterziehung

Wer Steuern hinterzogen hat und nun ehrlich werden will, hat seit 2015 größere Hürden zu nehmen. Das „Gesetz zur Änderung der Abgabenordnung und des Einführungsgesetzes zur Abgabenordnung" legt fest, dass es Strafbefreiung grundsätzlich nur noch dann gibt, wenn der Täter sämtliche hinterzogenen Steuern der vergangenen 10 Jahre erklärt hat. Das war bisher nur in besonders schweren Fällen erforderlich, ansonsten genügten 5 Jahre.

Es ist auch aus einem anderen Grund schwieriger geworden, ohne Strafe davonzukommen: Galten bisher 50 000 Euro hinterzogene Steuern als Obergrenze, um straffrei davonzukommen, wurde dieser Wert 2015 auf 25 000 Euro gesenkt.

Wer mehr als 25 000 Euro hinterzogen hat, kann sich mit einem „Selbstanzeigezuschlag" der Bestrafung entziehen. Der ist von bislang einheitlich 5 Prozent des hinterzogenen Betrags auf Werte zwischen 10 und 20 Prozent angestiegen. Strafbefreiung gibt es nur, wenn die hinterzogenen Steuern plus „Selbstanzeigezuschlag" plus die Hinterziehungszinsen (0,5 Prozent pro Monat) fristgerecht gezahlt wurden (siehe Seite 122).

Kirchensteuer

Banken, Sparkassen und andere zum Kirchensteuereinzug verpflichtete Institutionen führen die → Kirchensteuer, die sie im Rahmen der Abgeltungsteuer auf → Kapitalerträge einbehalten, seit 2015 automatisch an das Finanzamt ab. So will es das „Gesetz zur Umsetzung der Beitreibungsrichtlinie sowie zur Änderung steuerlicher Vorschriften". Das wurde zwar bereits 2011 verabschiedet, der hier behandelte Teil wird aber erst ab 2015 umgesetzt. Bis Silvester 2014 gab es für Betroffene zwei Möglichkeiten, ihre Kirchensteuerpflicht zu erfüllen. Sie beauftragen ihre Bank oder eine andere Finanzinstitution formlos schriftlich damit, zusammen mit der Abgeltungsteuer auch die Kirchensteuer abzuführen. Wer das nicht tat, musste die Kirchensteuer per → Steuererklärung mit dem Finanzamt abrechnen. Ab 2015 gilt ein verändertes Verfahren. Das Bundeszentralamt für Steuern (BZSt) informiert die Finanzinstitute über die Religionszugehörigkeit ihrer Kunden. Auf dieser Grundlage behalten die Institute die pauschale Kirchensteuer ein und führen sie an die Finanzämter ab. Ist jemand nicht kirchensteuerpflichtig, teilt das BZSt den Finanzinstituten einen sogenannten „Null-Wert" mit und der Kirchensteuerabzug findet nicht statt.

Aus Datenschutzgründen kann man die Übermittlung seiner Daten verweigern. Dafür muss man in der Regel bis zum 30. Juni eine „Sperrvermerkserklärung" beim BZSt einreichen. Die Sperrvermerkserklärung für 2017 muss also spätestens am 30. Juni 2016 beim BZSt sein. Das Formular dafür finden sie unter www.formulare-bfinv.de. Klicken Sie oben links auf „Formularcenter" und geben Sie im Suchfeld „Kirchensteuer" ein. Eine Sperrvermerkserklärung löst automatisch eine Information des BZSt an das zuständige Finanzamt aus und in der Regel bedeutet das die Pflichtabgabe einer Steuererklärung.

Über den Datenabruf zur Religionszugehörigkeit und das Widerspruchsrecht informieren Banken und andere zum Kirchensteuereinzug verpflichtete Institutionen nur noch zu Beginn der Geschäftsbeziehung (siehe Seite 85). Für Kapitalgesellschaften bereits ein paar Erleichterungen eingeführt. So sind laut BZSt „Ein-Mann-Gesellschaften" von der Teilnahme befreit, wenn der Alleingesellschafter-Geschäftsführer keiner steuererhebenden Religionsgemeinschaft angehört. Ausgenommen sind auch Kapitalgesellschaften, die im Folgejahr mit Sicherheit keine Ausschüttungen vornehmen werden.

Erbschaft- und Schenkungssteuer

Mit dem Entwurf eines „Gesetzes zur Anpassung des Erbschaftsteuer- und Schenkungsteuergesetzes an die Rechtsprechung des Bundesverfassungsgerichts" kommt die Regierung einer Aufforderung des Verfassungsgerichts nach. Die Richter hatten verlangt, die geltenden Regeln der Erbschaft- und Schenkungsteuer für die Besteuerung von Betriebsvermögen zu überarbeiten. Bisher kann ein Unternehmensübergang unter bestimmten Voraussetzungen völlig steuerfrei bleiben. Das soll künftig nur noch dann der Fall sein, wenn ein Unternehmen durch die Steuer Schaden nehmen würde. Ob das so ist, soll eine „Bedürfnisprüfung" durch die Finanzverwaltung ergeben. Streit innerhalb der Koalition und mit Unternehmerverbänden gibt es vor allem über die Höhe des Unternehmenswertes, der in jedem Fall eine solche Prüfung auslösen würde. Die Regierung sah 26 Millionen Euro vor, Wirtschaftsverbände sähen die Grenze lieber bei 100 Millionen gezogen. Unklar ist auch, ob und welches Privatvermögen in die Berechnung eingeht. Im zu Redaktionsschluss aktuellen Gesetzentwurf geht es ausschließlich um den Übergang von Betriebsvermögen. Die Regelungen für andere Vermögensarten, einschließlich der geltenden Steuerklassen, Steuersätze und Freibeträge, bleiben wohl unverändert. Das neue Gesetz soll spätestens ab 30. Juni 2016 gelten.

Finanz-
verwaltung

Das Bundesfinanzministerium (BMF) und die Finanzministerien der Länder organisieren die Arbeit der Finanzverwaltung mit einer Fülle von Anweisungen, Erlassen und anderen Schriften. Die obersten Finanzbehörden von Bund und Ländern setzen damit beispielsweise neue Gesetze und Urteile um. Sie weisen die Finanzämter auf diesem Weg an, was sie zu tun und zu lassen haben. Gleichzeitig verbreiten sie mit solchen Schriften verwaltungsintern wie öffentlich ihre Sicht der Dinge.

NEUIGKEITEN

Amtlich vorläufig

Das Finanzamt erteilt → Steuerbescheide in wichtigen Streitpunkten von sich aus vorläufig. Das passiert meist, wenn Gerichte die Verfassungsmäßigkeit geltender Gesetze und Regeln noch prüfen müssen. Ein Einspruch gegen den Bescheid ist in diesen Fällen nicht erforderlich. Die jeweils aktuelle Liste steht unter www.bundesfinanzministerium.de, im Suchfeld rechts oben „vorläufige Steuerfestsetzung" eingeben. Bei Redaktionsschluss enthielt die Vorläufigkeitsliste folgende Punkte. Sie sind hier im Vergleich zum Original etwas verständlicher dargestellt (BMF-Schreiben 17.8.2014, Aktenzeichen IV A 3 – S 0338/07/10010).

- Die Abziehbarkeit von Kosten für eine Berufsausbildung oder ein Studium als Werbungskosten oder Betriebsausgaben ab 2004.
- Die beschränkte Abziehbarkeit von Beiträgen zur Rentenversicherung, → Krankenversicherung und → Pflegeversicherung.
- Die beschränkte Abziehbarkeit von → Versicherungsbeiträgen zu „sonstigen Versicherungen", etwa gegen Arbeitslosigkeit, Berufs- und Erwerbsunfähigkeit, zu Unfall- und Haftpflichtversicherungen.
- Die Nichtabziehbarkeit von Beiträgen zu Rentenversicherungen als vorweggenommene → Werbungskosten ab 2005.
- Die → Rentenbesteuerung von gesetzlichen und gleichgestellten Renten ab 2005.
- Die Höhe des → Kinderfreibetrags und des Betreuungsfreibetrags.
- Die Höhe des Grundfreibetrags.
- Die Nichtabziehbarkeit der → Gewerbesteuer als → Betriebsausgabe.
- Die Berücksichtigung der → „zumutbare Belastung" bei den → Krankheitskosten und → Pflegekosten.
- Die Berücksichtigung von Versicherungsbeiträgen gegen Arbeitslosigkeit im Rahmen des „Progressionsvorbehalts".
- Die Verfassungsmäßigkeit des → Solidaritätszuschlags ab 2005.

Dienstreisen

Menschen, die beruflich unterwegs sind, können → Reisekosten als → Werbungskosten oder → Betriebsausgaben geltend machen. Im Inland ist der Umgang mit Verpflegungs- und Übernachtungskosten einheitlich geregelt worden (siehe Seite 113). Für Auslandsreisen erarbeitet das BMF in unregelmäßigen Abständen eine umfangreiche Übersicht. Sie führt von A wie Afghanistan bis Z wie Zypern die meisten Länder dieser Erde auf, und zwar mit den dort nutzbaren Pauschalen für Verpflegung und Übernachtung. Die aktuelle Übersicht gilt seit 1. Januar 2015 (Das Schreiben vom 19. November 2014 trägt das Aktenzeichen IV C 5 – S 2353/08/10006 :005). Es ist unter www.bundesfinanzministerium.de zu finden, in das Suchfeld rechts oben eingeben: „Reisekosten Ausland".

Verpflegungspauschalen im Ausland gibt es wie innerhalb Deutschlands nur noch in zwei Stufen:
- Stufe 1 für eine Abwesenheit von 24 Stunden,
- Stufe 2 für eine Abwesenheit von mehr als 8 bis 24 Stunden. Stufe 2 gilt auch bei mehrtägigen Reisen mit Übernachtung jeweils für den An- und Abreisetag unabhängig von den Abwesenheitsstunden.

Hier enden die Gemeinsamkeiten, denn die Höhe der Pauschalen fällt je nach Land sehr unterschiedlich aus. Für 24 Stunden in Lettland berechnet das Finanzamt nur 30 Euro. Dieselbe Abwesenheitsdauer bringt in Luxemburg 47 Euro. Sogar innerhalb der Länder gibt es Unterschiede. Wer sich 24 Stunden in Madrid aufhält, kann mit 41 Euro rechnen. Palma de Mallorca bringt 32 Euro. Übrigens ist Spanien eins der wenigen Länder, in denen sich regionale Pauschalen in den letzten Jahren nach unten entwickelt haben.

Die vom BMF ermittelten Übernachtungspauschalen, zum Beispiel 215 Euro für eine Nacht in New York, sind nur interessant, wenn der Arbeitgeber die Übernachtungskosten erstattet. Wer Übernachtungskosten als Werbungskosten oder Betriebsausgaben absetzt, kann nur die laut Rechnung tatsächlichen bezahlten Aufwendungen geltend machen.

Freibeträge für Arbeitnehmer

→Arbeitnehmer können ihre laufende Lohnsteuerzahlung durch →Freibeträge verringern. Das Finanzamt genehmigt eine solche →Lohnsteuerermäßigung beispielsweise für →Werbungskosten oberhalb des →Arbeitnehmerpauschbetrags von 1000 Euro oder für bestimmte →Sonderausgaben und →außergewöhnliche Belastungen (siehe Seite 96). Arbeitnehmer mussten ihre Freibeträge bisher in der Regel jedes Jahr beim Finanzamt neu beantragen. Ab 2016 können sie die Gültigkeitsdauer auf zwei Jahre verlängern, hat das Bundesfinanzministerium (BMF) in einem Schreiben vom 21. Mai 2015 festgelegt (Aktenzeichen IV C 5 – S 2365/15/10001). Erste Anträge auf die zweijährige Gültigkeitsdauer können seit dem Oktober 2015 für die Jahre 2016 bis 2017 beim zuständigen Finanzamt gestellt werden. Arbeitnehmer können eine Änderung des Freibetrags innerhalb des Zeitraums von zwei Jahren beantragen, wenn sich die Verhältnisse zu ihren Gunsten ändern, beispielsweise durch absehbar höhere Werbungskosten. Wenn sich hingegen die Verhältnisse zu Ungunsten des Arbeitnehmers ändern, muss die Änderung umgehend dem Finanzamt mitgeteilt werden. Diese Verpflichtung gab es bisher nicht. Kommt es zu einer solchen Änderung, bedeutet das nicht weniger, sondern mehr Bürokratie, erhöhte Aufmerksamkeit und schlimmstenfalls zusätzlichen Ärger.

Mütterrente

Nach dem „Rentenpaket der Bundesregierung" steht Müttern und Vätern von vor 1992 geborenen Kindern seit dem 1. Juli 2014 pro Kind ein zusätzliches Jahr Kindererziehungszeit zu. Praktisch bedeutet das pro Monat und pro Kind eine Rentenerhöhung um 28,61 Euro in den alten Bundesländern oder um

26,39 Euro in neuen Bundesländern. Inzwischen ist auch geregelt, wie die Mütterrente steuerlich behandelt wird (Erlass des Finanzministeriums Schleswig-Holstein vom 20. November 2014, Aktenzeichen VI 307 – S 2255 – 152). Grundsatz: Die Besteuerung der Mütterrente erfolgt so, wie die Besteuerung der übrigen gesetzlichen Rente. Ein Teil bleibt steuerfrei, ein anderer Teil ist steuerpflichtig (siehe →Rentner, →Rentenbesteuerung). Die Höhe des steuerfreien Teils richtet sich nach dem Jahr des Rentenbeginns. Ging zum Beispiel eine Kölner Rentnerin mit einem Kind und seinerzeit 12 000 Euro Jahresrente 2004 in Rente, bleibt die Hälfte davon steuerfrei. Dieser Rentenfreibetrag von jährlich 6 000 Euro erhöht sich für das Jahr 2015 auf rund 6 157 Euro. Die Rechnung geht vereinfacht so: Vom derzeitigen Rentenwert von 28,61 Euro werden 8,76 Prozent (2,48 Euro) abgezogen. Das sind die seit 2004 erfolgten voll steuerpflichtigen Rentenanpassungen. Vom Ergebnis 26,13 Euro sind 50 Prozent steuerfrei, mal 12 Monate ergibt 157 Euro mehr Rentenfreibetrag. Wäre diese Rentnerin erst 2015 in Rente gegangen, wären nur 30 Prozent der Mütterrente steuerfrei geblieben. Je später der Rentenbeginn, umso geringer ist auch der Rentenfreibetrag der Mütterrente (siehe Tabelle Seite 158).

Kindergeld und Wehrdienst

Der Bundesfinanzhof (BFH) hat in mehreren Urteilen Eltern, deren →Kinder Wehrdienst ableisten, →Kindergeld zugesprochen. Das Bundeszentralamt für Steuern (BZSt) fasste in einem Erlass zusammen, in welchen Fällen es aus Sicht der Verwaltung die Kinderförderung auch während des Wehrdienstes und vor oder nach dem Dienst geben kann (Schreiben vom 25 März 2015, Aktenzeichen St II 2 – S 2282-PB/15/00001 2015/300128). Grundsätzlich gilt: Während des Wehrdienstes steht Eltern weder Kindergeld noch der →Kinderfreibetrag noch die weitere steuerliche Kinderförderung zu. Volljährige

NEUIGKEITEN

Kinder gelten bis zu ihrem 25. Geburtstag steuerrechtlich weiter als Kinder, wenn sie bestimmte Voraussetzungen erfüllen, beispielsweise wenn sie sich in einer Berufsausbildung befinden oder zwischen zwei Ausbildungsabschnitten oder mangels Ausbildungsplatz ihre Berufsausbildung nicht beginnen oder fortsetzen können (siehe ab Seite 80). Diese Kriterien bedeuten im Zusammenhang mit dem Wehrdienst folgendes:

- Die dreimonatige Grundausbildung zu Beginn des Wehrdienstes gilt für alle Mannschaftsdienstgrade als Berufsausbildung. Eine anschließende Dienstpostenausbildung dauert mindestens einen Monat. Damit kann es für die ersten vier Monate der Wehrdienstzeit ohne näheren Nachweis Kindergeld und die weitere Kinderförderung geben. Für eine längere Förderung sind Nachweise erforderlich.
- Die Ausbildung eines Soldaten zum Unteroffizier oder Offizier ist eine förderfähige Berufsausbildung. Neben der militärischen Ausbildung können auch zivilberufliche Aus- und Weiterbildungsmaßnahmen berücksichtigungsfähig sein, ebenso das Studium an einer Bundeswehrhochschule oder an zivilen Hochschulen.
- Die Ausbildung eines Soldaten zum Reserveoffizier gilt ebenfalls als förderfähig, wenn sie während des Wehrdienstes stattfindet.
- Die Kinderförderung kann es auch geben, wenn sich das Kind in einer Übergangszeit von höchstens vier Monaten zwischen einem Ausbildungsabschnitt und dem freiwilligen Wehrdienst befindet. Der Wehrdienst gilt gewissermaßen als Ausbildungsabschnitt und ein begünstigter Übergangszeitraum kann seit 2015 vor oder nach dem Wehrdienst liegen.
- Hat sich ein Kind für den Wehrdienst beworben, kann es weiter als förderfähig gelten, auch wenn es bis zum Dienstantritt bei der Bundeswehr länger als vier Monate dauert. Die Bewerbungsbemühungen sollten allerdings nachweisbar sein.

Finanzgerichte

Wenn sich Bürger und Verwaltung so richtig in den Steuerregeln verheddert haben, bleibt nur noch der Gang zum → **Finanzgericht**. Rund 40 000 Verfahren landen jedes Jahr neu auf den Richtertischen. Etwa ein Fünftel der Entscheidungen geht pro Bürger aus. Gelegentlich müssen die Richter sogar den Gesetzgeber zurückpfeifen. Hier folgen ein paar aktuelle Streitpunkte, die viele Bürger bewegen.

Betroffene können sich mit einem Einspruch gegen ihren → **Steuerbescheid** auf noch laufende Verfahren beim Bundesfinanzhof (BFH), bei anderen Bundesgerichten und beim Europäischen Gerichtshof auf das jeweilige Aktenzeichen berufen. Sie erreichen damit, dass ihr Fall bis zu einer Gerichtsentscheidung offenbleibt. Das kostet nichts, kann sich aber lohnen, wenn die Richter gegen die Verwaltung entscheiden.

NEUIGKEITEN

Altersgrenze

Eltern erwachsener → Kinder können derzeit bis zum 25. Geburtstag des Kindes → Kindergeld bekommen, wenn sich der Nachwuchs in einer Ausbildung befindet. Früher lag die Altersgrenze bei 27. Betroffene klagen gegen die Absenkung. Die Sache liegt jetzt beim Bundesverfassungsgericht (Aktenzeichen 2 BvR 646/14).

Arbeitszimmer

Das häusliche → Arbeitszimmer ist ein ewiger Zankapfel. Bisher beteiligt sich das Finanzamt an den Raumkosten nur, wenn das Heimbüro „so gut wie ausschließlich" beruflich genutzt wird. Eine private Mitnutzung bis zu 10 Prozent schadet in der Regel nicht. Jetzt geht es um die Frage, ob die Raumkosten auch bei einer höheren privaten Mitnutzung aufgeteilt und der berufliche Teil als → Werbungskosten oder → Betriebsausgaben geltend gemacht werden darf. Wer beispielsweise sein Arbeitszimmer jeweils zur Hälfte privat und beruflich nutzt, muss nach Auffassung der Kläger 50 Prozent der Raumkosten absetzen können. Die Entscheidung liegt beim Bundesfinanzhof (BFH, Aktenzeichen GrS 1/14).

Ausbildungskosten

Seit einigen Jahren gibt es Meinungsverschiedenheiten zwischen Verwaltung und Finanzgerichten zu den → Ausbildungskosten. Der BFH sah Aufwendungen für eine erste Berufsausbildung oder für ein Erststudium als → Werbungskosten oder → Betriebsausgaben. Dagegen ging die Verwaltung mit einer Gesetzesänderung vor, die solche Kosten ausschließlich den → Sonderausgaben zuordnete. Was zunächst aussieht wie ein Streit um des Kaisers Bart, hat erhebliche praktische Konsequenzen, weil die Abzugsmöglichkeiten für Werbungskosten und Betriebsausgaben in der Regel deutlich vorteilhafter sind als für Sonderausgaben. Die Einzelheiten dazu finden Sie unter dem Begriff → Ausbildungskosten. Der Streit liegt jetzt beim Bundesverfassungsgericht (Aktenzeichen 2 BvL 24/14). Bis zu einer Entscheidung sollten Betroffene ihre Ausbildungskosten als Werbungskosten oder Betriebsausgaben in die → Steuererklärung schreiben und bei fehlenden Einnahmen eine Verlustfeststellung beantragen. Ein Einspruch ist im Regelfall unnötig, weil → Steuerbescheide in diesem Punkt vorläufig ergehen (siehe Seite 17).

Erstattungszinsen

Zahlt das Finanzamt Steuern zurück, heißt das „Steuererstattung". Wenn das Amt bei der Rückzahlung bestimmte Fristen überschritten hat, muss es darauf zusätzlich Zinsen zahlen. Es gibt 0,5 Prozent sogenannte Erstattungszinsen für jeden vollen Monat, also 6 Prozent im Jahr (12 mal 0,5). Diese Erstattungszinsen muss der Empfänger nach Meinung der Finanzverwaltung versteuern. Dagegen regt sich seit Langem Widerstand und nunmehr läuft eine Klage beim Bundesverfassungsgericht. Die Kläger vertreten die Auffassung, dass entweder Erstattungszinsen vom Amt steuerfrei sein sollten, oder Nachzahlungszinsen des Steuerzahlers an das Amt absetzbar sein sollten (Aktenzeichen 2 BvR 482/14).

Haustierbetreuung

Nach Auffassung der Finanzverwaltung gehören Tierbetreuungskosten nicht zu den förderfähigen Aufwendungen für → haushaltsnahe Dienstleistung. Das sieht das → Finanzgericht Düsseldorf anders. Es hat entschieden, dass auch die Betreuung einer Hauskatze eine haushaltsnahe Dienstleistung sein kann. Im vorliegenden Fall hatten Katzenbesitzer eine Betreuungsfirma damit beauftragt, sich während einer mehrwöchigen Abwesenheit um ihre Katze zu kümmern, die allein in der Wohnung geblieben war. Die erbrachten Leistungen fanden ausschließlich im Haushalt der Kläger statt, wurden korrekt abgerechnet und erfüllten alle Anforderungen an die Förderfähigkeit haushaltsnaher Dienstleistungen. Die Entscheidung liegt nun beim Bundesfinanz-

NEUIGKEITEN

hof (Aktenzeichen VI R 13/15). Betroffene können in ähnlich gelagerten Fällen unter Berufung auf das BFH-Aktenzeichen → Einspruch gegen ihren Steuerbescheid einlegen. Dabei kann es auch um Betreuungskosten für andere Tiere gehen (siehe ab Seite 76).

Scheidungskosten

Gerichts- und Anwaltskosten eines Scheidungsprozesses waren bis 2012 als → außergewöhnliche Belastung absetzbar. Seit 2013 erkennt die Finanzverwaltung die Kosten nicht mehr als abzugsfähig an. Dagegen gibt es Widerstand. Auch wer nach 2012 Scheidungskosten hatte, sollte sie deshalb als außergewöhnliche Belastung geltend machen. Wenn das Finanzamt die Anerkennung (erwartungsgemäß) verweigert, können Betroffene ihren → Einspruch gegen den → Steuerbescheid auf Verfahren beim Bundesfinanzhof stützen. Solche Verfahren laufen beispielsweise unter den Aktenzeichen VI R 66/14, VI R 81/14 (siehe ab Seite 49).

Sparerpauschbetrag

Seit Einführung der Abgeltungsteuer auf Zinsen und andere → Kapitalerträge im Jahr 2009 ist der Werbungskostenabzug auf den Sparerpauschbetrag von 801 Euro pro Person beschränkt. Für → Ehe-/Lebenspartner gibt es den doppelten Betrag, also 1 602 Euro. Die Grenzen gelten auch für Sparer und Anleger, die nicht mit der Abgeltungsteuer sondern mit ihrem persönlichen → Steuersatz besteuert werden. Es gab bereits eine Reihe von Prozessen, in denen → Finanzgerichte unterschiedlich urteilten. Bisher bestätigte der Bundesfinanzhof die Position der Finanzverwaltung. Noch besteht aber Hoffnung.

Zu Redaktionsschluss gab es ein beim Bundesfinanzhof in München anhängiges Verfahren (Aktenzeichen IX R 48/14). Dort geht es unter anderem um die Frage, ob der Sparerpauschbetrag gegen das Leistungsfähigkeitsprinzip verstößt. Betroffene können unter Berufung darauf → Einspruch gegen ihren → Steuerbescheid einlegen.

A-Z

A BIS Z

Begriffe und Tipps **von A bis Z**

Begriffe und Tipps von A bis Z

In diesem Kapitel finden Sie die wichtigsten steuerlichen Grundbegriffe von A bis Z. Die →gelbe Markierung im Text verweist darauf, dass es sich um einen Grundbegriff handelt, den Sie unter dem entsprechenden Anfangsbuchstaben erklärt finden. Wenn Sie andere Begriffe suchen, hilft das Register ab Seite 166 weiter. Suchen Sie zum Beispiel den Begriff „Rentenversicherungsbeiträge", finden Sie dort den Hinweis: „Rentenversicherungsbeiträge →Altersvorsorge". Unter dem Begriff Altersvorsorge gibt es Ausführungen zum Thema Rentenversicherungsbeiträge sowie Verweise auf weitere Grundbegriffe, die in diesem Zusammenhang wichtig sein können.

A

Abfindung

Abfindungen sind in der Regel höhere Zahlungen, zum Beispiel vom Arbeitgeber. So erfreulich sie sich auf dem Kontoauszug auch ausnehmen, nach dem Abzug von Steuern lässt die Freude oft nach. Abfindungen können nämlich, ebenso wie Lohnnachzahlungen oder andere Sonderzahlungen, zu einer „Zusammenballung" von →Einkünften innerhalb eines Jahres führen. Das Ergebnis ist oftmals eine ungewöhnlich hohe Steuerbelastung im Zahlungsjahr. Für etwas Entlastung sorgt dann die sogenannte Fünftel-Regelung. Die Bezeichnung kommt daher, dass das Finanzamt die Steuer zunächst nur für ein Fünftel der Abfindung ermittelt. Dadurch fällt der →Steuersatz auf die Abfindung geringer aus, und die Gesamtbelastung sinkt etwas.

Beispiel

Die alleinstehende Angestellte Angelika Adler ging nach langjähriger Tätigkeit im Dezember 2015 mit einer Abfindung von 15 000 Euro in den Ruhestand. Ohne Abfindung hätte sie ein zu versteuerndes Einkommen von 30 000 Euro. Dank Fünftel-Regelung zahlt sie unter dem Strich rund 437 Euro weniger.

Beispielrechnung

Mit der Fünftel-Regelung Steuern sparen

Steuer auf 30 000	**5 536**
Steuer auf 33 000 (30 000 plus 1/5 der Abfindung von 15 000 ist 33 000)	6 502
Steuer auf Abfindung (6 502 minus 5 536 ist 966 mal 5)	4 830
Steuer nach Fünftel-Regelung (5 536 plus 4 830) plus 5,5 % Soli	10 936
Steuer ohne Fünftel-Regelung auf 45 000 (30 000 plus 15 000) plus 5,5 % Soli	11 373
Entlastung (11 373 minus 10 936, Zahlen gerundet in Euro)	**437**

💡 Tipp

Bei Zahlung der Abfindung in einem „einkommensärmeren Jahr", im Beispielfall etwa im Januar 2016, ist zwar die Fünftel-Regelung nicht anwendbar, weil keine „Zusammenballung" von Einkünften stattfindet. Dafür kann aber die Steuer auf die Sonderzahlung deutlich sinken oder ganz entfallen, wenn nur geringe andere Einkünfte vorliegen.

AfA

AfA heißt ausgeschrieben „Absetzung für Abnutzung" und wird landläufig auch als „Abschreibung" bezeichnet. Das ist eine Methode, um den Wert eines Wirtschaftsgutes auf die Zeit seiner Nutzung zu verteilen. Dahinter steht der Gedanke, dass sich Wirtschaftsgüter durch ihren Gebrauch in der Regel abnutzen und dadurch über die Zeit immer weniger wert sind. Diese jährliche Wertminderung ist als →Betriebsausgabe oder als →Werbungskosten steuerlich absetzbar. Wie das genau funktioniert, finden Sie in einem Beispiel unter dem Begriff →Arbeitsmittel.

„Lineare AfA" bedeutet Abschreibung in gleich hohen Jahresbeträgen und ist die übliche Methode. Bei „degressiver AfA" wird am Anfang und in den ersten Jahren viel abgeschrieben und nachfolgend weniger. Damit versucht der Staat zeitweise, die Konjunktur anzukurbeln oder bestimmte Wirtschaftsbereiche zu fördern. Für Anschaffungen seit 2010 gilt grundsätzlich nur noch die lineare AfA.

Förderung ist auch der Zweck von „Sonderabschreibungen", auch Sonder-AfA genannt. Die gibt es derzeit in Höhe von 20 Prozent für **k**leine und **m**ittlere **U**nternehmen (KMU, Paragraph 7g des Einkommensteuergesetzes) und in unterschiedlicher Höhe für Sanierungsgebiete und Baudenkmäler nach den Paragraphen 7h und 7i des Einkommensteuergesetzes. Wer mit Sonder-AfA zu tun hat, sollte sich steuerlich beraten lassen.

Beratungsbedarf ist auch beim „Investitionsabzugsbetrag" angezeigt. Hier können KMU bereits im Vorfeld einer geplanten Investition bis zu 40 Prozent der voraussichtlichen Kosten abschreiben. Die lineare AfA gibt es zusätzlich zur Sonderabschreibung.

Sind die Anschaffungskosten nicht höher als 410 Euro (ohne Umsatzsteuer) oder 487,90 Euro (mit 19 Prozent →Umsatzsteuer), handelt es sich um ein „geringwertiges Wirtschaftsgut" (GWG). Seine Anschaffungskosten müssen nicht über die Nutzungsdauer verteilt werden, sondern sind im Anschaffungsjahr voll abschreibungsfähig.

💡 Tipp
Wer als Selbstständiger im Jahr mehrere Wirtschaftsgüter mit Kosten zwischen 150 und 1000 Euro anschafft, kann die in einem „jahresbezogenen Sammelposten" zusammenfassen und den so gebildeten Betrag mit jährlich 20 Prozent über fünf Jahre abschreiben.

Abschreibungsfähig sind nur „bewegliche Wirtschaftsgüter", zum Beispiel Computer, Maschinen oder Büromöbel. Grund und Boden unterliegt keiner Abnutzung und damit auch nicht der AfA. Gleiches gilt für Kunstwerke und Antiquitäten, denn die werden oftmals über die Jahre wertvoller.

Wie viel pro Jahr abgeschrieben werden darf, richtet sich auch danach, wie lange ein Wirtschaftsgut normalerweise genutzt wird, amtlich heißt das „betriebsübliche Nutzungsdauer". Das sind etwa bei einem Pkw sechs Jahre, einem Schreibtisch 13 Jahre und einem Laptop drei Jahre. Die Finanzverwaltung hat die Nutzungsdauer in „AfA-Tabellen" festgelegt (www.bundesfinanzministerium.de, Suchbegriff: AfA-Tabellen). Sich dort zu orientieren, ist ziemlich mühsam. Eine Nachfrage beim Finanzamt klärt manches schneller. (Siehe auch →Arbeitsmittel.)

Alleinerziehende
Alleinstehende Eltern können den „Entlastungsbetrag für Alleinerziehende" nutzen. Der →Freibetrag wurde 2015 von 1308 Euro auf 1908 Euro im Jahr erhöht. Für ein zweites und für jedes weitere →Kind kommen pro Jahr und Kind 240 Euro hinzu (siehe Seite 10).

Alleinerziehende können ihn nutzen, wenn zu ihrem Haushalt mindestens ein →Kind im steuerlichen Sinn gehört. Für jeden Kalendermonat eines Jahres, in dem die Voraussetzungen nicht bestehen, verringert sich der Entlastungsbetrag um ein Zwölftel.

Voraussetzung für den Entlastungsbetrag ist, dass keine „Haushaltsgemeinschaft" mit einem anderen volljährigen Menschen besteht. Dazu gehören zum Beispiel der neue Freund, die alte Mutter oder auch das erwachsene Kind, das nach abgeschlossener Ausbildung weiter daheim wohnt. Erwachsene Kinder, für die dem alleinerziehenden Elternteil →Kindergeld zusteht, weil sie beispielsweise noch in einer Berufsausbildung stehen oder studieren, gefährden den Steuervorteil dagegen nicht. Wohnt aber der volljährige erwerbstätige ältere Bruder des zehnjährigen „Nachzüglers" immer noch bei der alleinerziehenden Mutter, bekommt sie keinen Entlastungsbetrag. Würde der Sohn sich zum Beispiel bei seiner Freundin oder bei der Oma um die Ecke anmelden (und dort wohnen), wäre der Freibetrag gerettet. Lebt das Kind in etwa gleichem Umfang in beiden Haushalten der Eltern, kann nach Absprache derjenige mit dem höheren Einkommen den →Freibetrag nutzen. Geschiedene oder getrennt lebende Eltern, mit zwei oder mehr Kindern können jeweils beide einen Entlastungsbetrag erhalten, wenn mindestens eins der Kinder ausschließlich bei ihnen im Haushalt lebt. (Siehe auch →Kinderbetreuungskosten.)

Tipp

Beim Bundesverfassungsgericht (Aktenzeichen 2 BvR 1519/13) und beim Bundesfinanzhof (Aktenzeichen III R 62/13) laufen zwei Verfahren, in denen Alleinerziehende eine Besteuerung nach dem für →Ehe-/Lebenspartner geltenden →Steuertarif verlangen (siehe auch Seite 22).

Altersentlastungsbetrag

Der Altersentlastungsbetrag ist ein →Freibetrag. Er steht 2015 allen zu, die vor dem 2. Januar 1951 geboren wurden, und er gilt für alle steuerpflichtigen Einnahmen außer für Renten und Pensionen. Wer aber beispielsweise Arbeitslohn, Zinsen oder andere →Kapitalerträge, Miete oder Gewinne zu versteuern hat, kann ihn nutzen.

Er beläuft sich auf bis zu 40 Prozent der begünstigten →Einkünfte oder des Bruttolohns, höchstens auf 1 900 Euro im Jahr. So viel gibt es aber nur für Menschen, die 2005 oder früher ihren 65. Geburtstag gefeiert haben. Für jeden späteren Jahrgang verringert sich der Altersentlastungsbetrag. Wer ihn 2015 erstmals nutzen darf, bekommt noch 24 Prozent, höchstens 1140 Euro angerechnet. Ab 2040 gibt es gar keinen Altersentlastungsbetrag mehr, das zeigt die Tabelle auf Seite 154. (Siehe auch →Einkünfte, →Härteausgleich, →Rentner.)

Beispiel
Brigitte Birke hatte am 1. Mai 2015 ihren 65. Geburtstag. Sie bekommt im Monat 850 Euro Rente und 150 Euro Werkspension. Beim alten Arbeitgeber verdient sie sich 4 000 Euro Jahresbruttoarbeitslohn dazu. Für Rente und Pension kann sie den Altersentlastungsbetrag nicht nutzen. Für den Arbeitslohn steht er ihr mit 960 Euro zu (24 Prozent von 4 000, siehe Tabelle Seite 154). In dieser Höhe behält sie den Altersentlastungsbetrag lebenslang.

Tipp
Der Altersentlastungsbetrag steht nur demjenigen zu, der die begünstigten Einnahmen tatsächlich erzielt hat. Bei →Ehe-/Lebenspartnern hilft manchmal teilen. Wenn Mietshaus, Depot oder Firma beiden gehören, können auch beide den Freibetrag nutzen.

Altersvorsorge
Altersvorsorgeaufwendungen sind Einzahlungen in die gesetzliche, betriebliche und private Altersvorsorge. Sie werden auf sehr unterschiedliche Weise steuerlich gefördert.

Beiträge zur gesetzlichen Rentenversicherung gehören zu den →Sonderausgaben. Pro Person gilt ab 2015 eine Obergrenze von

22 172 Euro im Jahr, für →Ehe-/Lebenspartner das Doppelte (siehe Seite 12). Praktisch steht unter dem Strich weniger, denn erstens werden die Beiträge bis 2025 gekürzt. Im Jahr 2015 sind 80 Prozent von bis zu 22 172 Euro absetzbar. Bis 2025 steigt der absetzbare Beitrag um 2 Prozent jährlich (siehe Tabelle Seite 155). Zweitens wird der volle Arbeitgeberbeitrag zur gesetzlichen Rentenversicherung auf den Arbeitnehmerbeitrag angerechnet.

Beispiel

Daniel Drossel verdiente 2015 als lediger Bankangestellter 40 000 Euro. Dafür zahlte er 3 740 Euro als Rentenversicherungsbeitrag (40 000 mal 9,35 Prozent). Sein Arbeitgeber zahlt den gleichen Betrag in die Rentenkasse, zusammen sind das 18,7 Prozent oder 7 480 Euro. Daniel kann 2015 von seinen 3 740 Euro Rentenversicherungsbeitrag 2 244 Euro als Sonderausgaben absetzen. Das sind nur 60 Prozent von dem, was er tatsächlich an Beitrag gezahlt hat.

Beiträge zu berufsständischen Versorgungswerken, wie sie etwa Ärzte, Anwälte und andere →Freiberufler zahlen, werden steuerlich im Prinzip so behandelt wie Beiträge zur gesetzlichen Rentenversicherung. Gleiches gilt für Einzahlungen in die private, staatlich geförderte Basisrente, auch Rürup-Rente genannt. Sie soll vor allem Selbstständigen, die keine Versorgungswerke nutzen können, eine geförderte Altersvorsorge ermöglichen. Die Obergrenze von 22 172 Euro gilt

Beispielrechnung

Sonderausgaben können die Steuerlast drücken.

Rentenversicherungsbeitrag insgesamt (40 000 mal 18,7 %)	7 480
davon sind 80 % absetzbar	5 984
Sonderausgaben Daniel (5 984 minus 3 740 Arbeitgeberanteil)	2 244

nicht nur für die gesetzliche Rentenversicherung, sondern gleichermaßen für Einzahlungen in gleichgestellte Versorgungswerke und in die Rürup-Rente. Theoretisch könnte Daniel aus dem vorherigen Beispiel zusätzlich zu seinen Rentenversicherungsbeiträgen 14 962 Euro steuerbegünstigt in eine Rürup-Rente einzahlen (22 172 Euro Höchstbetrag minus 7 480 Euro bereits „verbrauchter" geförderter Betrag). In der Praxis dürften →Arbeitnehmer mit durchschnittlichen Bruttolöhnen neben ihren Beiträgen zur gesetzlichen Rentenversicherung allerdings kaum zusätzlich in eine Rürup-Rente einzahlen können.

Tipp
Gut verdienende Arbeitnehmer, →Beamte und in Versorgungswerken versicherte Selbstständige können mit Beiträgen in eine private Basisrente die steuerliche Förderung ihrer Altersvorsorge weiter erhöhen.

Beiträge zu Kapitallebensversicherungen und privaten Rentenversicherungen können nur noch als →Sonderausgaben geltend gemacht werden, wenn die Verträge vor 2005 abgeschlossen wurden und bestimmte Voraussetzungen erfüllen, etwa 12 Jahre Mindestlaufzeit. (Siehe auch →Betriebliche Altersvorsorge, →Riester-Förderung, →Versicherungsbeiträge.)

Angehörige
Familiäre Nähe bringt manchmal Steuervorteile, bedeutet manchmal aber auch, dass das Finanzamt genauer hinschaut.

So funktioniert der Abzug von Aufwendungen für →Unterhalt als →außergewöhnliche Belastung in der Regel nur, wenn der Empfänger ein unterhaltsberechtigter Angehöriger des Zahlers ist. Zu den Unterhaltsberechtigten gehören in diesem Fall Großeltern, Eltern, →Kinder, Enkel und der ehemalige →Ehe-/Lebenspartner. Auch die Übernahme von Heim- oder →Pflegekosten als außergewöhnliche Belastung erkennt das Finanzamt nur für unterhaltsberechtigte Unterstützte an. In diesem Fall gehört neben den gerade genannten Angehörigen auch der aktuelle Ehe-/Lebenspartner zum begünstigten Kreis.

Es gibt aber auch Verbindungen zwischen Angehörigen, die das Finanzamt eher misstrauisch machen. So nimmt es Verträge mit „nahen Angehörigen" genau unter die Lupe. Als nahe Angehörige gelten in diesem Zusammenhang Ehe-/Lebenspartner, Kinder, Eltern, Enkel, Großeltern, Geschwister, Schwiegereltern und Schwiegerkinder. Nicht als „nahe" Angehörige gelten Verlobte und (nicht eingetragene) Partner eheähnlicher Gemeinschaften, Onkel und Tanten, Neffen und Nichten. Sie sollten aber trotzdem damit rechnen, dass das Finanzamt ihre Vertragsverhältnisse im Blick hat. Das gilt auch für getrennt lebende und geschiedene Ehe-/Lebenspartner.

Verträge zwischen nahen Angehörigen können private und geschäftliche Bereiche eng miteinander verbinden. Das Finanzamt befürchtet hier vor allem, dass auf diese Weise Ausgaben, die als →Betriebsausgaben oder →Werbungskosten steuerlich abzugsfähig sind, privaten Zwecken dienen. Deshalb achtet es besonders auf Arbeits-, Darlehens- oder Mietverträge zwischen Angehörigen. Sind beispielsweise Ehefrau oder Kinder des Chefs in der Firma angestellt, erscheinen dort aber selten oder nie, und tun auch sonst nichts für diese Firma, erkennt das Finanzamt die Arbeitsverhältnisse steuerlich nicht an.

Das ist vermeidbar, wenn Verträge mit Angehörigen eindeutig vereinbart und auch so durchgeführt werden, wie es zwischen Fremden üblich ist. Zwar lassen Verwaltung und Gerichte manchmal familiär bedingte Abweichungen zu, aber wer sich strikt an den Fremdvergleich hält, hat im Zweifelsfall bessere Karten.

Arbeitgeberleistungen

Arbeitgeber können ihren Beschäftigten zusätzlich zum steuer- und versicherungspflichtigen Arbeitslohn steuerfreie oder steuerbegünstigte Leistungen zuwenden. Von einer Lohnerhöhung im gleichen Umfang käme netto weniger beim

→Arbeitnehmer an. Auch der Arbeitgeber kann finanziell profitieren, denn manche dieser Leistungen sind sozialversicherungsfrei. Ferner kann er so das Betriebsklima fördern. Auf Seite 38 finden Sie eine Auswahl (siehe auch 13).

Tipp
Die Gewährung steuer- und abgabenfreier Leistungen fällt dem Arbeitgeber oftmals leichter als eine Gehaltserhöhung. Nutzen Sie die Gelegenheit bei der nächsten Gehaltsverhandlung.

Der Arbeitgeber kann dem Arbeitnehmer auch bestimmte Aufwendungen erstatten, zum Beispiel die Entfernungspauschale für den →Arbeitsweg, Übernachtungs-, Fahrt-, Verpflegungs- und andere →Reisekosten. Die kann der Arbeitnehmer zwar auch als →Werbungskosten beim Finanzamt geltend machen. Von dort bekommt er je nach persönlichem →Steuersatz aber immer nur einen Teilbetrag seiner Ausgaben zurück. Übernimmt der Arbeitgeber die Kosten, kommt der Arbeitnehmer in der Regel besser weg. Oft zahlt der Arbeitgeber sogar alles zurück, ohne dass für den Arbeitnehmer Steuern und Sozialabgaben anfallen. (Siehe auch →Dienstwagen, →Lohnzuschläge, →Vermögenswirksame Leistungen.)

Arbeitnehmer

Im Steuerrecht sind Arbeitnehmer Menschen mit →Einkünften aus „nichtselbstständiger Tätigkeit". Sie arbeiten weisungsgebunden, haben meist Anspruch auf feste Bezüge, Urlaub und Sozialleistungen. Ihr Arbeitslohn unterliegt der Lohnsteuer. Die wird vom Arbeitgeber in der Regel monatlich einbehalten und an das Finanzamt abgeführt, zusammen mit dem →Solidaritätszuschlag und gegebenenfalls der →Kirchensteuer. Wie hoch der Steuerabzug ausfällt, richtet sich auch nach der →Lohnsteuerklasse des Arbeitnehmers. Der Arbeitgeber führt ebenfalls die Sozialversicherungsbeiträge ab.

Menschen mit →Minijobs und →Midijobs sind ebenfalls Arbeitnehmer. Minijobber heißen amtlich

Beispiele für begünstigte Arbeitgeberleistungen

Leistung	Förderung
Arbeitgeberdarlehen	Liegen die Zinsen des Arbeitgeberdarlehens unter den marktüblichen Zinsen, ist nur die Differenz zwischen beiden Zinssätzen steuer- und sozialabgabenpflichtig. Zinsvorteile für Kleindarlehen bis 2 600 Euro bleiben ganz steuerfrei.
Belegschaftsrabatt	Waren oder Leistungen des Arbeitgebers sind für den Arbeitnehmer bis 1 080 Euro im Jahr steuer- und abgabenfrei.
Betriebsveranstaltungen	Pro Arbeitnehmer (und dessen Begleitung) gilt ein Freibetrag von 110 Euro für Speisen, Getränke, Geschenke, Darbietungen und andere Sachzuwendungen (siehe auch 13).
Erholungsbeihilfen	Für Arbeitnehmer sind bis zu 156 Euro im Jahr steuer- und abgabenfrei, wenn der Arbeitgeber sie pauschal mit 25 Prozent versteuert, für Ehe-/Lebenspartner zusätzlich 104 Euro, pro Kind des Arbeitnehmers 52 Euro.
Gesundheitshilfen	Die Firma kann 500 Euro pro Mitarbeiter steuer- und abgabenfrei spendieren, etwa für Raucherentwöhnung, Massagen oder Rückenschulen.
Kinderbetreuung	Die Firma kann Kita- und ähnliche Kinderbetreuungskosten ihrer Arbeitnehmer für noch nicht schulpflichtige Kinder in unbegrenzter Höhe steuer- und abgabenfrei übernehmen.
Mitarbeiterbeteiligung	Belegschaftsaktien und andere Vermögensbeteiligungen bleiben bis 360 Euro im Jahr steuer- und abgabenfrei. Das gilt auch dann, wenn Gehalt in eine Vermögensbeteiligung umgewandelt wird.
Sachgutscheine	Pro Monat kann die Firma ihren Arbeitnehmern Sachgutscheine bis 44 Euro steuer- und abgabenfrei überlassen, etwa Benzin- oder Warengutscheine.

„geringfügig Beschäftigte". Sie müssen selbst weder Lohnsteuer noch Sozialversicherungsbeiträge zahlen. Das übernimmt pauschal der Arbeitgeber. Midijobber zahlen etwas geringere Sozialabgaben als die sozialversicherungspflichtig Beschäftigten.

Die Lohnsteuer ist nach der →Umsatzsteuer die ergiebigste Steuerquelle des Staates. Sie fließt zudem berechenbar und kontinuierlich. Außerdem kassieren die Finanzämter zunächst mehr, als ihnen zusteht. Die Statistik ist in diesem Punkt eindeutig:

- Rund 10 Milliarden Euro erhalten die Arbeitnehmer, die eine →Steuererklärung abgeben, jährlich vom Finanzamt zurück.
- Im Durchschnitt gibt das Finanzamt Arbeitnehmern pro Steuererklärung rund 1 000 Euro zurück.
- Auf rund 90 Prozent aller abgegebenen Steuererklärungen von Arbeitnehmern erfolgt eine Steuererstattung. Rund 10 Prozent lösen eine Steuernachzahlung aus.

Die amtlichen Rückzahlungen an Arbeitnehmer dürften unter dem Strich noch deutlich höher liegen als die vom Statistischen Bundesamt ausgewiesenen rund 10 Milliarden Euro. Viele Erstattungen werden nämlich gar nicht erfasst, weil weitere Einkünfte eine Rolle spielen. Das betrifft rund neun Millionen Steuererklärungen. Die etwa neun Millionen Arbeitnehmer, die keine Erklärung abgegeben haben, kommen in der Steuerstatistik gar nicht vor. Der Fiskus müsste vielen von ihnen eigentlich ein großes Denkmal setzen, weil sie ihm ihr Geld nicht nur auf Zeit leihen, sondern schenken.

Die hohen Rückzahlungen liegen am System des laufenden Lohnsteuerabzugs. Der Arbeitgeber muss ihn nach einem vorgegebenen einheitlichen Muster durchführen, in dem die persönlichen Umstände des Arbeitnehmers zunächst nicht vorkommen. Beispielsweise spielen dabei →Werbungskosten oberhalb des →Arbeitnehmerpauschbetrags, viele →Sonderausgaben und →außergewöhnliche Belastungen keine Rolle. Wenn Arbeitnehmer verhindern wollen, dass das Finanzamt mehr Lohnsteuer kassiert, als ihm zusteht, müssen sie einen Antrag auf →Lohnsteuerermäßigung stellen. (Siehe auch →Arbeitnehmerpauschbetrag, →Lohnersatzleistungen, →Lohnsteuer-Jahresausgleich, →Lohnzuschläge, →Verluste, →Vermögenswirksame Leistungen, →Vorsorgepauschale.)

Tipp

Alles zur Besteuerung von Arbeitnehmern finden Sie in „Steuererklärung 2015/2016 Arbeitnehmer, Beamte" (272 Seiten, 14,90 Euro, erhältlich bei der Stiftung Warentest und im Buchhandel).

Arbeitnehmerpauschbetrag

Der Arbeitnehmerpauschbetrag ist ein →Freibetrag. Er wird oft auch Arbeitnehmerfreibetrag genannt und steht →Arbeitnehmern jährlich in Höhe von 1 000 Euro zu. Ausnahme: Arbeitnehmer mit →Minijob können ihn nicht nutzen, wenn der Arbeitgeber den Lohn pauschal versteuert.

Mit dem Arbeitnehmerpauschbetrag sind →Werbungskosten bis 1 000 Euro abgegolten, etwa für den →Arbeitsweg, für →Arbeitsmittel, →Ausbildungs- oder →Reisekosten. Der Arbeitgeber berücksichtigt den Freibetrag bereits beim laufenden Lohnsteuerabzug. Wer höhere Werbungskosten hat, muss die sich per →Steuererklärung zurückholen. Das betrifft etwa die Hälfte aller Arbeitnehmer, die eine →Steuererklärung abgeben. Sie sollten aber nicht nur ihre Steuererklärung abgeben, sondern auch eine →Lohnsteuerermäßigung beantragen. Dadurch bezahlen sie bereits im Jahresverlauf weniger Lohnsteuer. Das Finanzamt trägt einen Freibetrag für Werbungskosten aber nur ein, wenn mehr als 1 000 Euro zusammenkommen. Mit 15 Kilometer →Arbeitsweg ist die Pauschale schon geknackt: 15 mal 0,30 Euro Entfernungspauschale mal 230 Arbeitstage sind bereits 1 035 Euro. (Siehe auch →Bewerbungskosten, →Berufskleidung, →Lohnsteuerklassen, →Werbungskosten.)

> 💡 **Tipp**
> Der Arbeitnehmerpauschbetrag ist ein Jahresbetrag. Er steht Arbeitnehmern in voller Höhe zu, egal, ob sie das ganze Jahr über beschäftigt waren oder nur einen Tag des Jahres.

Arbeitslose

Menschen ohne Arbeit haben mit Steuern nichts zu tun, meinen viele. Das ist aber nicht so. Arbeitslosengeld I ist zwar eine steuerfreie →Lohnersatzleistung, trotzdem kann es sich steuerlich auswirken. Sind nämlich weitere steuerpflichtige →Einkünfte vorhanden, wird das Arbeitslosengeld hinzugezählt und auf dieser Grundlage der dann höhere →Steuersatz auf das steuerpflichtige Einkommen ermittelt und angewendet. Das Verfahren läuft unter der Bezeichnung „Progressionsvorbehalt" und kann zu einer höheren Steuerlast führen.

Wer zusätzlich zu seinem Arbeitslohn mehr als 410 Euro Arbeitslosengeld I im Jahr erhalten hat, ist außerdem verpflichtet, eine →Steuererklärung abzugeben. Die 410-Euro-Grenze gilt für Alleinstehende und für Menschen, die eine gemeinsame Steuererklärung abgeben, gleichermaßen. Sie verdoppelt sich also nicht für Paare.

Die →Lohnsteuerklassen wirken sich auf die Höhe des Arbeitslosengeldes und anderer Lohnersatzleistungen aus. Klasse III bringt das höchste, Klasse V das geringste Arbeitslosengeld. →Ehe-/Lebenspartner können durch die Steuerklassenwahl mehr herausholen. Berechnungsgrundlage des Arbeitslosengeldes ist zunächst die Steuerklasse, die am 1. Januar des Jahres galt, in dem die Arbeitslosigkeit begann. Haben Arbeitnehmerpaare danach gewechselt, prüft die Arbeitsagentur, ob dieser Wechsel „zweckmäßig" war. Unter zweckmäßig versteht die Behörde, dass der deutlich höher verdienende Partner in Klasse III und der weniger verdienende Partner in Klasse V ist. Die Behörde richtet sich hier nach einer Tabelle, die das Bundesfinanzministerium jährlich herausgibt und die unter www.test.de/Steuerratgeber-Extra zu finden ist. Entspricht das Verhältnis der Löhne beider Partner nicht dem Tabellenwert, erkennt die Arbeitsagentur den Wechsel nicht an. Auf der sicheren Seite ist nur, wer rechtzeitig vor dem 1. Januar des Jahres, in dem die Arbeitslosigkeit begann, wechseln konnte. Manchmal ist Unheil ja absehbar.

Tipp

→Bewerbungskosten, →Ausbildungskosten oder andere Aufwendungen zur Wiedererlangung eines Jobs können auch Arbeitslose als „vorweggenommene →Werbungskosten" per Steuererklärung geltend machen.

Arbeitsmittel

Arbeitsmittel sind Gegenstände, die der Erwerbstätigkeit dienen. Dazu gehören Werkzeug, Büromaterial, →Berufskleidung, Fachliteratur, Büromöbel oder Computer. Aufwendungen für Arbeitsmittel, etwa Anschaffungs-, Reinigungs- und Instandhaltungskosten, sind als →Werbungskosten oder →Betriebsausgaben absetzbar. Arbeitsmittel unterliegen als Wirtschaftsgüter den Regeln der →AfA.

Beispiel

Der →Arbeitnehmer Benno Bär hat sich im Januar 2015 für 1800 Euro einen Laptop gekauft, den er ausschließlich beruflich nutzt. Die übliche Nutzungsdauer von Laptops beträgt 3 Jahre, also darf Benno 2015 als Werbungskosten 600 Euro geltend machen (1800 durch 3). In den Jahren 2016 und 2017 sind es ebenfalls jeweils 600 Euro.

Hätte Benno den Laptop nicht im Januar 2015 gekauft, sondern im April, würde das die Rechnung verändern. Er könnte den Laptop nur von April bis Dezember für 9 Monate geltend machen. Damit würde sich die AfA 2015 von 600 auf 450 verringern (600 durch 12 Monate mal 9 Monate). Für die Jahre 2016 und 2017 bliebe die AfA unverändert bei jeweils 600 Euro, weil sie in beiden Jahren jeweils volle 12 Monate laufen würde. Die Abschreibung von 3 Monaten, die Benno 2015 nicht nutzen konnte, ist damit aber keineswegs verloren. Er kann sie für die Monate Januar bis März 2018 geltend machen. (Siehe auch →AfA.)

A

> **Tipp**
> Werden Arbeitsmittel zu mehr als 10 Prozent privat mitgenutzt, sind die Aufwendungen grundsätzlich nicht absetzbar. In einigen Fällen, etwa bei Computern und Telekommunikationsgeräten, ist aber eine Mischnutzung dienstlich/privat möglich. Bis zu 50 Prozent private Mitnutzung winkt das Amt in der Regel durch, für höhere private Mitnutzung will es oft Aufzeichnungen oder andere Nachweise sehen.

Arbeitsweg

Der Weg zur Arbeit ist die Entfernung von der Wohnung zum Betrieb, oder wie es seit 2014 heißt, zur „ersten Tätigkeitsstätte". Für jeden vollen Kilometer gilt die Entfernungspauschale von 30 Cent. Es zählt aber nur die einfache Entfernung, nicht hin und zurück. Die Entfernungspauschale gibt es grundsätzlich für die kürzeste Straßenverbindung zwischen Wohnung und Betrieb, unabhängig vom benutzten Verkehrsmittel.

Wer etwa an 220 Tagen im Jahr zum 16 Kilometer entfernten Betrieb fährt, kommt auf 1 056 Euro Entfernungspauschale (220 Tage mal 0,30 Euro mal 16 Kilometer). Allein damit wäre der →Arbeitnehmerpauschbetrag von 1 000 Euro überschritten. Die Entfernungspauschale ist mit durchschnittlich 1 600 Euro im Jahr der mit Abstand größte Einzelposten, den →Arbeitnehmer als →Werbungskosten in ihrer →Steuererklärung geltend machen, hat das Statistische Bundesamt herausgefunden. (Siehe auch →Doppelte Haushaltsführung, →Reisekosten.)

Das Finanzamt gewährt die Entfernungspauschale grundsätzlich bis zu einer Höhe von 4 500 Euro im Jahr. Es gibt aber Ausnahmen:
- Pkw-Fahrer, die das Auto selber fahren, dürfen höhere nachgewiesene Kosten geltend machen. Für Beifahrer im Pkw endet die Abzugsfähigkeit aber bei 4 500 Euro.
- Fahrten mit öffentlichen Verkehrsmitteln sind auch oberhalb von 4 500 Euro per Nachweis absetzbar.
- →Behinderte dürfen pauschal 0,60 Euro pro Pkw-Entfernungski-

lometer abrechnen oder die nachgewiesenen Pkw-Kosten;
- Für Flug-/Fährverbindungen gilt die Entfernungspauschale nicht. Absetzbar sind nur die nachgewiesenen tatsächlichen Kosten;
- Fahrtkostenzuschüsse des Arbeitgebers verringern die abzugsfähigen Werbungskosten.

💡 Tipp
Wer eine offensichtlich verkehrsgünstigere, aber längere Straßenverbindung nutzt, etwa über die Autobahn oder Ortsumgehungsstraße, kann auch für die längere Strecke die Entfernungspauschale absetzen. Der Nachweis einer Zeitersparnis ist nicht mehr erforderlich.

Arbeitszimmer

Unter einem häuslichen Arbeitszimmer versteht das Finanzamt vereinfacht gesagt einen abgeschlossenen Raum in einer privaten Wohnung, der nahezu ausschließlich beruflich genutzt wird. Erwerbstätige haben zwei Möglichkeiten, Raumkosten für ein häusliches Arbeitszimmer geltend zu machen:

- Ist das Heimbüro „Mittelpunkt der gesamten betrieblichen und beruflichen Tätigkeit", sind die Kosten unbegrenzt absetzbar. Das betrifft aber nur relativ wenige Menschen, etwa Heim- oder Telearbeiter, →Freiberufler, →Gewerbetreibende, die ihre Firma vom Heimbüro aus betreiben, oder →Rentner und →Pensionäre mit Nebentätigkeiten.
- Steht für die im Heimbüro erledigten Aufgaben „kein anderer Arbeitsplatz zur Verfügung", sind Kosten begrenzt bis 1 250 Euro im Jahr absetzbar. Das kann zum Beispiel Außendienstmitarbeiter betreffen oder Lehrer.

Zu den Raumkosten gehören die anteilige Miete, Mietnebenkosten, Ausgaben für Heizung, Strom, Wasser, Gas, Hausratversicherung, Reinigung und Renovierung. Wohnungseigentümer machen für ihr Heimbüro anteilig Gebäudeabschreibung, Finanzierungskosten, Versicherungskosten und Grundsteuer geltend. Abzugsfähig sind auch die Ausgaben für Raumausstattung, etwa Fußbodenbelag oder Lampen.

Sie können übrigens Ausgaben für daheim beruflich genutzte Büromöbel, Computer und andere →Arbeitsmittel immer als →Werbungskosten oder →Betriebsausgaben absetzen. Das funktioniert unabhängig davon, ob die Sachen in einem steuerlich anerkannten Arbeitszimmer stehen, im Wohnzimmer oder im Partykeller.

Bisher akzeptiert die Finanzverwaltung Kosten für ein häusliches Arbeitszimmer nur, wenn der Raum mindestens zu 90 Prozent beruflich genutzt wird. Dagegen gibt es aber Widerstand, der die Möglichkeit einer Aufteilung der Raumkosten erreichen will, wie das bei den →Reisekosten schon funktioniert. Darüber wird der Bundesfinanzhof demnächst entscheiden (siehe Seite 23)

Damit das Finanzamt Kosten für ein häusliches Arbeitszimmer überhaupt anerkennt, sollte die Wohnung so viel Wohnfläche haben, dass außerhalb des Heimbüros genügend Freiraum für die Privatsphäre bleibt. Die Einrichtung sollte „büromäßig" ausfallen und aus beruflich notwendigen Gegenständen wie Schreibtisch, Regalen oder Bücherschrank bestehen.

Tipp
Die strikten Bedingungen gelten nur für ein „häusliches" Arbeitszimmer. Ein Arbeitsraum woanders, etwa in der Wohnung der Oma oder bei der Freundin um die Ecke, ist nicht „häuslich", sondern „außerhäuslich".

Manchmal geht es auch darum, ob ein beruflich genutzter Raum überhaupt ein Arbeitszimmer ist. Wer zu Hause eine Werkstatt, ein Studio, eine Praxis mit Publikumsverkehr oder ein Lager beruflich nutzt, hat kein Arbeitszimmer und kann die Raumkosten voll geltend machen.

Aufwandsentschädigungen
Menschen, die nebenberuflich für bestimmte Einrichtungen arbeiten, können eine steuerfreie Aufwandsentschädigung erhalten.

Diese Einrichtungen müssen
- gemeinnützigen,
- mildtätigen,
- öffentlich rechtlichen oder
- kirchlichen

Zwecken dienen.

Das können etwa Sportvereine, Kirchengemeinden, Wohlfahrtsverbände oder Volkshochschulen sein. Wer in diesem Rahmen eine ausbildende, erzieherische, betreuende, künstlerische oder pflegerische Tätigkeit ausübt, kann den „**Übungsleiter-Freibetrag**" nutzen. Dazu gehört beispielsweise die Arbeit von Sporttrainern, Kursleitern oder Orchesterdirigenten. Menschen mit Lehr- und Vortragstätigkeiten, Vormünder und rechtliche Betreuer sind ebenfalls begünstigt. Der →Freibetrag beläuft sich auf 2 400 Euro im Jahr. Er ist steuer- und sozialversicherungsfrei.

Wer in anderen Funktionen nebenberuflich und ehrenamtlich für begünstigte Organisationen arbeitet, zum Beispiel als Vereinsvorstand, Schatzmeister oder Platzwart, wer Vereinsräume reinigt oder Kinder zu Auswärtsspielen fährt, hat Anspruch auf eine steuer- und sozialversicherungsfreie **Ehrenamtspauschale**. Die beläuft sich auf 720 Euro im Jahr.

Nebenberuflich ist eine Tätigkeit dann, wenn sie – bezogen auf das Kalenderjahr – nicht mehr als ein Drittel der Arbeitszeit einer vergleichbaren Vollzeittätigkeit in Anspruch nimmt. Diese begünstigten Nebeneinnahmen können Menschen als →Freiberufler oder →Arbeitnehmer erzielen. Findet die begünstigte Tätigkeit im Rahmen eines →Minijobs statt, können für Übungsleiter im Monat bis 650 Euro steuerfrei bleiben. Der Betrag ergibt sich aus der monatlichen Verdienstgrenze von 450 Euro für Minijobs und monatlich 200 Euro aus dem Übungsleiter-Freibetrag (2 400 Euro durch 12 Monate). Für Minijobber mit der Ehrenamtspauschale sind es bis zu 510 Euro im Monat: 450 aus dem Minijob plus 60 Euro Ehrenamtspauschale (720 Euro durch 12 Monate). Dazu darf der Arbeitgeber weitere Leistungen steuerfrei spendieren, etwa Reisekosten.

💡 Tipp

Beide Pauschalen dürfen nicht für dieselbe Tätigkeit genutzt werden. Wer aber unterschiedliche begünstigte Tätigkeiten ausführt, kann zusammen 3120 Euro steuer- und sozialversicherungsfrei einnehmen (2400 plus 720).

Ausbildungsfreibetrag

Was wir hier schlicht als Ausbildungsfreibetrag bezeichnen, heißt amtlich →Freibetrag zur Abgeltung des Sonderbedarfs. Er beläuft sich auf bis zu 924 Euro im Jahr. Folgende Voraussetzungen sind zu erfüllen: Es geht um ein erwachsenes →Kind, das sich in einer Ausbildung befindet, seinen 18. Geburtstag bereits hatte, auswärtig untergebracht ist und für das den Eltern →Kindergeld oder ein →Kinderfreibetrag zusteht. Auswärtig bedeutet hier außerhalb des elterlichen Haushalts.

Die Einkommensverhältnisse des Kindes spielen seit 2012 keine Rolle mehr. Es gibt den Freibetrag aber auch weiterhin nur für die Monate im Jahr, für die alle oben genannten Voraussetzungen zutreffen. Nimmt sich beispielsweise die 19-jährige Tochter nach dem Abitur, das sie im Juni am Heimatort ablegte, ab September am auswärtigen Studienort ein WG-Zimmer, steht den Eltern von September bis Dezember ein Ausbildungsfreibetrag von 308 Euro zu (924 durch 12 Monate mal 4 Monate). Bei Studienorten im Ausland kann sich der Ausbildungsfreibetrag je nach →Ländergruppe verringern. (Siehe auch →Ausbildungskosten, →Außergewöhnliche Belastungen, →Kinder.)

💡 Tipp

„Auswärtig" ist ein Kind auch dann untergebracht, wenn es um die Ecke bei der Oma oder der Freundin wohnt oder wenn es unter der Woche am Ausbildungsort lebt und sich nur an Wochenenden bei den Eltern aufhält.

Ausbildungskosten

Im richtigen Leben ist Ausbildung ein sehr weit gefasster Begriff. Das Finanzamt sieht ihn eher eng und unterscheidet strikt nach Kosten für eine Erstausbildung und für darauf folgende weitere Ausbildungen. Aufwendungen für eine Erstausbildung oder ein Erststudium sind →Sonderausgaben und nur in begrenzter Höhe absetzbar. Kosten für eine weitere Ausbildung nach einer abgeschlossenen Erstausbildung sind im Unterschied dazu →Werbungskosten oder →Betriebsausgaben. Was auf den ersten Blick wie ein „Streit um des Kaisers Bart" aussieht, hat erhebliche steuerliche Auswirkungen (siehe auch Seiten 12 und 23).

Zu den Ausbildungskosten gehört im Prinzip alles, was auch als Werbungskosten absetzbar ist: →Arbeitsmittel von Fachbüchern über Büromaterial bis zum Computer oder Schreibtisch, Studien-, Semester- oder Prüfungsgebühren, Kosten eines Bildungskredits, Übernachtungs- und andere →Reisekosten. Fahrten zur Uni oder anderen Ausbildungsstätten gelten als →Arbeitsweg und sind seit 2014 in der Regel mit 30 Cent pro Entfernungskilometer absetzbar (siehe auch Seite 43).

Bei →Ehe-/Lebenspartnern macht jeder Partner seine eigenen Ausbildungskosten geltend. Es gibt keine Zusammenrechnung. Hatte beispielsweise ein Partner 10 000 Euro Ausbildungskosten im Jahr und der andere keine, berücksichtigt das Finanzamt nur den Höchstbetrag von 6 000 Euro für den, der die Kosten tatsächlich hatte.

Sind Ausbildungskosten Sonderausgaben, gelten zwei Einschränkungen:
- Die Absetzbarkeit endet bei 6 000 Euro pro Person und Kalenderjahr, egal wie hoch die tatsächlichen Ausbildungskosten gewesen sind.
- Erstausbildungskosten dürfen nicht als →Verluste mit →Einkünften anderer Jahre verrechnet werden. Das betrifft viele Menschen, denn Ausbildungszeiten sind oftmals Zeiten mit geringen laufenden Einkünften und ausbildungsbedingt hohen Kosten.

Wer dagegen eine abgeschlossene Erstausbildung hat, kann weitere Ausbildungskosten als Werbungskosten oder Betriebsausgaben in unbegrenzter Höhe geltend machen und eventuelle Verluste mit Einkünften anderer Jahre verrechnen. Als Zweitstudium, das den Werbungskostenabzug ermöglicht, gilt übrigens auch ein Masterstudium nach abgeschlossenem Bachelorstudium. Der Begriff „Erstausbildung" ist seit 2015 gesetzlich festgelegt. Es ist eine mindestens 12-monatige Vollzeitausbildung mit mindestens 20 Wochenstunden. Sie muss mit einem Prüfungsabschluss oder einem anderen üblichen Abschluss enden. Damit soll verhindert werden, dass nach einer kurzen preisgünstigen Erstausbildung die Kosten der Folgeausbildung voll absetzbar sind (siehe Seite 12).

Wenn eine Ausbildung Gegenstand eines Dienstverhältnisses ist, etwa bei Azubis mit regulärem Ausbildungsvertrag oder bei Studenten, die im Auftrag ihres künftigen Arbeitgebers studieren, sind die Ausbildungskosten immer Werbungskosten, auch wenn es sich um eine Erstausbildung oder um ein Erststudium handelt.

Tipp

Auch Menschen in Erstausbildung sollten ihre Bildungsaufwendungen als Werbungskosten oder Betriebsausgaben in die →Steuererklärung schreiben. Nach einem ablehnenden →Steuerbescheid können sie Einspruch unter Berufung auf Verfahren beim Bundesverfassungsgericht einlegen (Aktenzeichen 2 BvL 22/14, siehe Seite 23).

Außergewöhnliche Belastungen

Unter außergewöhnlichen Belastungen versteht das Finanzamt bestimmte private Ausgaben. Die sind abzugsfähig, wenn sie im Vergleich hoch ausgefallen und zwangsläufig entstanden sind. Das Gesetz unterscheidet „allgemeine außergewöhnliche Belastungen" nach Paragraph 33 des Einkommensteuergesetzes und genau bezeichnete außergewöhnliche Belastungen in den Paragraphen 33a und 33b.

Zu den allgemeinen außergewöhnlichen Belastungen gehören →Krankheitskosten, Beerdigungskosten, die nicht aus dem Nachlass beglichen werden konnten, oder auch Aufwendungen für die Wiederbeschaffung von Hausrat und Kleidung, wenn sie durch Feuer, Naturkatastrophen oder Diebstahl verloren gegangen sind. An den Scheidungskosten beteiligt sich das Finanzamt ab 2013 nicht mehr (siehe Seite 25). Zu den näher bezeichneten außergewöhnlichen Belastungen gehören der Behinderten- und der Pflegepauschbetrag, der →Ausbildungsfreibetrag oder die Zahlung von →Unterhalt.

Der Hintergrund der Abgrenzung zwischen allgemein und speziell ist praktischer Natur: Das Finanzamt berücksichtigt außergewöhnliche Belastungen allgemeiner Art nur, wenn Betroffene zuvor einen festgelegten Teil davon selber übernehmen. Dieser Teil nennt sich →„Zumutbare Belastung" und beträgt je nach Einkommen und familiärer Situation zwischen 1 und 7 Prozent der →Einkünfte (siehe auch die Tabelle Seite 152). Nur die Kosten, die darüber liegen, wirken sich steuermindernd aus. (Siehe auch →Behinderung, →Pflegekosten.)

Tipp
Ob der Fiskus Krankheits- und Pflegekosten um die zumutbare Belastung kürzen darf, ist derzeit umstritten. →Steuerbescheide müssen hier offenbleiben. Achten Sie darauf, ob das bei Ihrem der Fall ist.

B

Beamte
Ungeachtet der dienstrechtlichen Unterschiede behandelt das Finanzamt Beamte, Richter und Soldaten steuerlich wie →Arbeitnehmer. Sie erhalten →Einkünfte aus nichtselbstständiger Tätigkeit, können den →Arbeitnehmerpauschbetrag nutzen und der laufende Lohnsteuerabzug erfolgt nach →Lohnsteuerklassen.

Besonderheiten mit steuerlichen Auswirkungen ergeben sich, weil Beamte nicht versicherungspflichtig sind. Sie sind meist Mitglieder in der privaten →Krankenversicherung und →Pflegeversicherung. Der Dienstherr berücksichtigt beim laufenden Steuerabzug dafür in der

Regel eine jährliche Pauschale von 1 900 Euro (3 000 Euro in Steuerklasse III).

Zahlen Beamte weniger als die Pauschale, sind sie verpflichtet, eine →Steuererklärung abzugeben. Die führt dann oft zu Steuernachzahlungen. Andererseits haben viele Beamte mit relativ geringen Sozialversicherungsbeiträgen die Möglichkeit, weitere abzugsfähige →Versicherungsbeiträge für sich oder andere als →Sonderausgaben geltend zu machen, etwa für Haftpflicht- oder Unfallversicherungen oder für eine zusätzliche steuerlich geförderte private →Altersvorsorge (Rürup-Rente). Beamten steht die →Riester-Förderung zu. Sie müssen bei ihrer Besoldungsstelle vorher schriftlich der Datenübermittlung zustimmen.

Tipp

Ausführliches zur Besteuerung von Beamten finden Sie im Ratgeber „Steuererklärung 2015/2016 Arbeitnehmer, Beamte" (272 Seiten, 14,90 Euro, erhältlich auf www.test.de/shop sowie im Buchhandel).

Behinderte

Menschen mit Behinderung können mehrere steuerliche Vorteile nutzen. Der wohl wichtigste ist der Behindertenpauschbetrag. Das ist ein →Freibetrag. Je nach Grad der Behinderung beträgt er zwischen 310 und 1 420 Euro im Jahr (siehe Tabelle Seite 52) Das Finanzamt gewährt ihn ab einem Behinderungsgrad von 50, in bestimmten Fällen, etwa bei einer typischen Berufskrankheit, bereits ab 25. Blinde und ständig auf fremde Hilfe angewiesene Menschen erhalten unabhängig vom Behinderungsgrad pauschal 3 700 Euro.

Mit der Pauschale gelten behinderungsbedingte Ausgaben im Prinzip als abgegolten. Zusätzlich dürfen Behinderte aber nachgewiesene Kfz-Kosten bis 4 500 Euro sowie Aufwendungen für einen behindertengerechten Kfz-Umbau geltend machen.

Anstelle der Pauschale können Behinderte höhere nachgewiesene behinderungsbedingte Kosten absetzen. Eltern haben die Möglichkeit, Behindertenpauschbeträge ih-

Behindertenpauschbetrag

Grad der Behinderung	Jährlicher Pauschbetrag
von 25 und 30	310 Euro
von 35 und 40	430 Euro
von 45 und 50	570 Euro
von 55 und 60	720 Euro
von 65 und 70	890 Euro
von 75 und 80	1 060 Euro
von 85 und 90	1 230 Euro
von 95 und 100	1 420 Euro
blinde und hilflose Menschen	3 700 Euro

rer →Kinder auf sich übertragen zu lassen. (Siehe auch →Arbeitsweg, →Außergewöhnliche Belastungen, →Krankheitskosten, →Pflegekosten, →Reisekosten.)

Tipp
Menschen mit erheblichen gesundheitlichen Einschränkungen wissen oftmals nicht, dass ihnen dafür ein Behindertenpauschbetrag zustehen kann. Eine Nachfrage beim Arzt klärt, ob sie diese Möglichkeit haben und was zu tun ist, um sie zu nutzen.

Berufskleidung

Typische Berufskleidung, zum Beispiel der Blaumann, der Arztkittel, die Polizeiuniform oder auch einheitliche Betriebskleidung, gilt als →Arbeitsmittel und die Ausgaben dafür sind →Werbungskosten oder →Betriebsausgaben. Die Betonung liegt dabei auf „typisch", denn Kleidungsstücke, die üblicherweise auch im Alltag getragen werden, wie etwa der Anzug eines Bankangestellten, zählen nicht dazu.

Abzugsfähig sind die Anschaffungskosten, darüber hinaus aber auch Instandhaltungs- und Reinigungskosten. Übernimmt eine Firma die Reinigung, ist deren Rechnungsbetrag absetzbar. Wer Berufskleidung in der eigenen Waschmaschine wäscht, kann die Kosten berechnen und ebenfalls geltend machen. In die Rechnung gehen ein: Kosten für Wasser, Energie, Wasch- und Spülmittel, →AfA, Instandhaltung und Wartung der

Waschmaschine, Bügel- und Trocknungskosten.

Tipp
Verbraucherverbände haben für die Reinigung von Berufskleidung in der heimischen Waschmaschine Richtgrößen entwickelt, die auch das Finanzamt akzeptiert, zum Beispiel 87 Cent pro Kilogramm getrocknete und gebügelte Buntwäsche im Zweipersonenhaushalt.

Betriebliche Altersvorsorge

Die betriebliche Altersvorsorge findet in fünf Formen statt. Die werden amtlich als „Durchführungswege" bezeichnet und heißen: Direktzusage, Unterstützungskasse, Direktversicherung, Pensionskasse und Pensionsfonds. Die steuerliche Förderung lässt sich in zwei Gruppen unterscheiden.

Direktzusagen des Arbeitgebers und Unterstützungskassen bilden die erste Gruppe. Hier sind die Einzahlungen des Arbeitgebers unbegrenzt steuer- und abgabenfrei. Einzahlungen des →Arbeitnehmers bleiben ebenfalls unbegrenzt steuerfrei, die Versicherungsfreiheit endet aber bei 4 Prozent der Beitragsbemessungsgrenze der gesetzlichen Rentenversicherung. Für das Jahr 2015 sind das 2904 Euro (4 Prozent von 72600). Auszahlungen werden wie Pensionen besteuert. →Riester-Förderung ist nicht möglich.

Direktversicherungen, Pensionsfonds und Pensionskassen bilden die zweite Gruppe. Hier dürfen bis zu 4 Prozent der Bemessungsgrenze der gesetzlichen Rentenversicherung steuer- und versicherungsfrei eingezahlt werden, 2015 bis 2904 Euro. Zusätzliche Einzahlungen bis 1800 Euro bleiben steuerfrei, sind allerdings sozialversicherungspflichtig. Für diese drei Durchführungswege können Arbeitnehmer alternativ auch die Riester-Förderung nutzen. Ansonsten richtet sich die Versteuerung der Auszahlungen nach der steuerlichen Behandlung der Einzahlungen. Die Auszahlungen sind voll steuerpflichtig, wenn die Einzahlungen steuerlich gefördert wurden, entweder per Riester oder durch die Umwandlung von Arbeitslohn. Die Auszahlungen sind mit dem Ertragsanteil steuerpflichtig, wenn sie vom Arbeitgeber pauschal versteuert wurden (siehe Tabelle Seite 159). Sie können sogar steuerfrei sein, wenn es sich um eine Lebensversicherung handelt und die Verträge von vor 2005 stammen. Die Steuerfreiheit ist aber an eine Reihe von Bedingungen gebunden, zum Beispiel an eine Mindestlaufzeit von 12 Jahren.

Wie was zu versteuern ist, ergibt sich in der Regel aus der sogenannten Leistungsmitteilung, zu der die auszahlende Stelle verpflichtet ist. (Siehe auch → Pensionäre, → Rentenbesteuerung, → Versicherungsbeiträge.)

💡 Tipp

Prüfen Sie, ob Ihnen die Fördermöglichkeiten der betrieblichen Altersvorsorge bereits optimal zugutekommen. Arbeitnehmer haben seit 2002 ein Recht darauf, durch Umwandlung von Arbeitslohn eine Form der betrieblichen Altersvorsorge zu nutzen.

Betriebsausgaben

„Betriebsausgaben sind die Aufwendungen, die durch den Betrieb veranlasst sind", steht schlicht und ergreifend im Einkommensteuergesetz. Einfach gesagt sind Betriebsausgaben die → „Werbungskosten der Unternehmer". Alles was → Freiberufler, → Gewerbetreibende und Landwirte für ihr Unternehmen ausgeben, gehört im Prinzip dazu. Größere Posten sind in der Regel die → AfA, Schuldzinsen, Grundstücksaufwendungen oder Personalkosten.

Manche Unternehmer dürfen Betriebsausgabenpauschalen nutzen.

- Hauptberuflich selbstständige Journalisten dürfen 30 Prozent ihrer Betriebseinnahmen als Betriebsausgaben absetzen, maximal 2 455 Euro pro Jahr.
- Bei hauptberuflichen Hebammen sind es 25 Prozent, höchstens 1 535 Euro im Jahr.
- Hauptberufliche Tageseltern kommen auf 300 Euro pro Kind und Monat, wenn die Betreuung mindestens 8 Stunden pro Tag dauert.

- Im Nebenberuf tätige Künstler, Schriftsteller, wissenschaftlich oder lehrend tätige Menschen (gilt auch für Nachhilfeunterricht) dürfen 25 Prozent Betriebsausgabenpauschale abrechnen, höchstens 614 Euro im Jahr.

Grundsätzlich sind Betriebsausgaben voll abzugsfähig. Liegen sie aber nahe am Privatbereich, kommt es zu Beschränkungen, weil das Finanzamt hier die „Gefahr" einer Vermischung geschäftlicher und privater Aufwendungen sieht. So sind bei der Bewirtung von Geschäftspartnern nur 70 Prozent der Bewirtungskosten absetzbar, darüber hinaus gibt es eine Reihe von Auflagen: Restaurantrechnungen müssen maschinell ausgedruckt und registriert, Speisen und Getränke einzeln verzeichnet sein, Datum, Ort, Anlass und Teilnehmer der Bewirtung ebenfalls. Bei Rechnungen über 150 Euro muss der Gastwirt Namen und Anschrift des Gastgebers auf der Rechnung vermerken. (Siehe auch → Arbeitsmittel, → Einkünfte.)

Tipp
Trotz Kürzung auf 70 Prozent kann die → Umsatzsteuer auf die vollen Bewirtungskosten geltend gemacht werden.

Bewerbungskosten
Bewerbungskosten sind für → Arbeitnehmer → Werbungskosten. Dazu gehören alle Ausgaben, die im Zusammenhang mit Bewerbungen für einen Arbeitsplatz anfallen, beispielsweise für:
- Stellengesuche, Fachzeitschriften,
- Büromaterial, Kopien, Fotos,
- Telefon, Porto, Internet,
- Bewerbungsmappen,
- Bewerbungstraining,
- Bewerbungsgespräche, einschließlich → Reisekosten

Wer den Einzelnachweis vermeiden will, kann es mit einer Pauschale von 2,50 Euro pro elektronische Bewerbung versuchen.

Erfolgte die Bewerbung mit per Post versandten Bewerbungsmappen, können auch pauschal 8,50 Euro pro Stück durchgehen. Als Nachweise gelten Kopien der Bewerbungs- und Antwortschreiben. Ob eine Bewerbung Erfolg hatte oder nicht, ist für den Werbungskostenabzug unerheblich. (Siehe auch →Arbeitslose.)

💡 Tipp
Zeiten mit hohen Bewerbungskosten und geringen positiven →Einkünften führen manchmal zu →Verlusten aus nichtselbstständiger Arbeit. Trotzdem kann es sich lohnen, eine →Steuererklärung abzugeben, denn diese Verluste können die Steuerbelastung in anderen Jahren senken.

D

Dienstwagen

Dienstwagen sind beruflich genutzte, aber oft auch privat mitgenutzte Kraftfahrzeuge. Sie werden ebenfalls als Firmenwagen bezeichnet und bei Unternehmern als Geschäftswagen.

Wenn Erwerbstätige einen Dienstwagen auch privat nutzen, sparen sie in der Regel die Kosten für Anschaffung und Unterhaltung eines eigenen Fahrzeugs. Der so entstandene „geldwerte Vorteil" ist allerdings steuerpflichtig. Bei seiner Berechnung gibt es ein Wahlrecht zwischen der so genannten pauschalen Ein-Prozent-Methode und der Fahrtenbuchmethode.

Beispiel
Frank Falke ist →Arbeitnehmer, Monatsbruttolohn 3 500 Euro, Steuerklasse I, kinderlos. Seinen Dienstwagen (Bruttolistenpreis neu 30 000 Euro) nutzt er privat und für die Fahrten zwischen Wohnung und Firma, die 10 Kilometer entfernt liegt. Für die private Nutzung des Firmenwagens muss Frank nach der Ein-Prozent-Methode pro Monat ein Prozent des Bruttolistenpreises wie Arbeitslohn versteuern. Das sind 300 Euro (30 000 mal ein Prozent). Für den →Arbeitsweg zwischen Wohnung und Betrieb kommen monatlich 0,03 Prozent mal Anzahl der Entfernungskilometer hinzu. Hier sind das 90 Euro (30 000 Euro Listenpreis mal 0,03 Prozent mal 10 Kilometer).

Frank erhält zwar weiterhin 3 500 Euro Monatsbruttolohn, er muss aber 3 890 Euro versteuern (3 500 plus 300 plus 90). So wächst seine monatliche Belastung mit Steuern und Sozialabgaben um rund 188 Euro. Als „Gegenleistung" verfügt er über ein Fahrzeug, das er auch privat uneingeschränkt nutzen kann. Der Arbeitgeber übernimmt sämtliche Aufwendungen. Einen eigenen Pkw kann sich Frank sparen. Den Aufwand für den Arbeitsweg könnte Frank sogar ganz oder teilweise vermeiden, wenn der Arbeitgeber dafür pauschale Lohnsteuer von 15 Prozent abführen würde. Sozialversicherungsbeiträge würden darauf auch nicht fällig.

Wer den Dienstwagen für den Arbeitsweg nachweisbar weniger als an 15 Tagen im Monat nutzt, verwendet anstelle der 0,03 Prozent vom Listenpreis pro Entfernungskilometer und Fahrt nur 0,002 Prozent.

Bei der Fahrtenbuchmethode werden die tatsächlichen Kosten der Privatnutzung genau ermittelt. Dazu ist die Führung eines ordnungsgemäßen Fahrtenbuchs erforderlich, in dem alle Fahrten genau, lückenlos und zeitnah aufzuzeichnen sind. Der bürokratische Aufwand ist erheblich.

Tipp

Wer viel privat unterwegs ist, fährt in der Regel mit der Ein-Prozent-Methode gut. Wer das Auto überwiegend dienstlich nutzt, sollte überschlagen, ob das Fahrtenbuch günstiger ist.

Doppelte Haushaltsführung

Doppelte Haushaltsführung bedeutet zunächst, dass Menschen erwerbsbedingt zwei Haushalte unterhalten. Das sind vor allem →Arbeitnehmer, es kann aber auch →Freiberufler und →Gewerbetreibende betreffen. Wer weit weg von zu Hause arbeitet und deshalb am Arbeitsort eine Zweitwohnung nutzt, kann Aufwendungen dafür als →Werbungskosten oder →Betriebsausgaben geltend machen. Da kann einiges absetzbar sein:

- Unterkunftskosten bis 1000 Euro im Monat (siehe auch Seite 18). Dazu gehören Ausgaben für die Miete, Mietnebenkosten, Renovierung, Reinigung, Pkw-Stellplatz. Die Kosten für notwendige Einrichtungsgegenstände (keine Luxusartikel) wie Möbel, Teppiche oder Gardinen sind wie Arbeitsmittel absetzbar. Bei einer Eigentumswohnung gehören Zinsen, Gebäudeabschreibung, Gemeindeabgaben zu den Wohnkosten.
- Fahrtkosten für die erste Fahrt zu Beginn der doppelten Haushaltsführung und für die letzte Fahrt bei ihrer Beendigung entsprechend den Regeln für →Reisekosten bei Auswärtstätigkeit.
- Wöchentliche Familienheimfahrten wie bei der Entfernungspauschale für den →Arbeitsweg zwischen Wohnung und Betrieb.
- Verpflegungspauschalen für die ersten drei Monate wie bei Reisekosten.

Tipp
Wer mehrfach pro Woche heimfährt und dabei längere Strecken zurücklegt, kann besser fahren, wenn er sämtliche Fahrtkosten absetzt und dafür die Ausgaben für Unterkunft und Verpflegung nicht geltend macht. Es gibt ein Wahlrecht.

Das Finanzamt akzeptiert Kosten des Zweitwohnsitzes am Arbeitsort nur, wenn der Erwerbstätige einen „eigenen Hausstand am Lebensmittelpunkt" unterhält. Die Begriffe sind weit auslegbar Das Finanzamt erwartet vor allem eine nachweisbare und „angemessene" Beteiligung an den Kosten des ersten Wohnsitzes, mindestens aber 10 Prozent. Für den „Lebensmittelpunkt" am ersten Wohnsitz sprechen soziale Kontakte im Verwandten- und Freundeskreis, Aktivitäten in Vereinen und regelmäßige Heimfahrten.

Das Finanzamt interessiert sich seit 2014 auch für die Entfernung Zweitwohnung – Beschäftigungsort. Die muss weniger als die Hälfte der Entfernung zwischen dem Lebensmittelpunkt und dem Beschäftigungsort betragen. Ist zum Beispiel der Beschäftigungsort 50 Kilometer vom Lebensmittelpunkt entfernt, dürfen zwischen Zweitwohnung und Beschäftigungsort höchstens 24 Kilometer liegen. (Siehe auch →Reisekosten.)

E

Ehe-/Lebenspartner

Seit 2013 sind Ehepaare und eingetragene Lebenspartnerschaften im Einkommensteuerrecht grundsätzlich gleichgestellt. Das gilt in vielen Fällen oftmals sogar rückwirkend, wenn →Steuerbescheide noch nicht bestandskräftig sind.

Eingetragene Lebenspartner dürfen ihre →Lohnsteuerklassen wie Ehepaare wählen und auch das Faktorverfahren nutzen. Sie dürfen →Unterhalt an den Expartner als →Sonderausgaben beziehungsweise →außergewöhnliche Belastung geltend machen und weitere Vorteile nutzen, die bisher nur Ehepaaren zustanden.

Lebenspartnerschaften können sich für die „Zusammenveranlagung" entscheiden. Das bedeutet die Abgabe einer gemeinsamen →Steuererklärung und bewirkt die Anwendung des günstigen „Splittingtarifs", den vorher nur Ehepaare nutzen konnten.

Beispiel

Gabi Ginster (zu versteuerndes Jahreseinkommen 40 000 Euro) und Greta Goldlack (ohne steuerpflichtige →Einkünfte) sind eine eingetragene Lebenspartnerschaft. Als Singles müssten sie 2015 rund 8 918 Euro Einkommensteuer und einen Soli-Zuschlag zahlen, bei einer Zusammenveranlagung sind es rund 5 222 Euro, also 3 696 Euro weniger. Der Splittingvorteil fällt umso höher aus, je weiter die zu versteuernden Einkommen beider Partner auseinanderklaffen. Verdienen beide gleich viel, beträgt er null.

Tipp

In der Regel ist eine Zusammenveranlagung für Paare vorteilhaft. Eine „Einzelveranlagung", also die Abgabe von zwei getrennten Steuererklärungen, lohnt sich nur in bestimmten Fällen. Das kann etwa bei höheren →Lohnersatzleistungen, Auslandseinkünften, →Abfindungen oder →Verlusten der Fall sein.

Einkünfte

Wer das deutsche Steuerrecht verstehen will, kommt um den zentralen Begriff der Einkünfte nicht herum. Er bezeichnet vereinfacht gesagt die steuerpflichtigen Einnahmen minus die Ausgaben, die für die Erhaltung und Sicherung dieser Einnahmen erforderlich sind.

Bei →Arbeitnehmern ergeben sich die Einkünfte aus der Rechnung Bruttolohn minus →Werbungskosten (mindestens 1000 Euro →Arbeitnehmerpauschbetrag). →Rentner ziehen vom steuerpflichtigen Teil ihrer Bruttorente die →Werbungskosten ab (pauschal 102 Euro). →Gewerbetreibende wie →Freiberufler und Landwirte rechnen Umsatz minus →Betriebsausgaben.

Es gibt gleich sieben unterschiedliche Einkunftsarten, von denen sechs relativ nachvollziehbar nach der jeweiligen Quelle benannt sind.

Einkünfte aus
- Land- und Forstwirtschaft,
- Gewerbebetrieb,
- selbstständiger Arbeit,
- nichtselbstständiger Arbeit,
- Kapitalvermögen,
- Vermietung und Verpachtung oder
- →Sonstige Einkünfte.

Als „sonstige" gelten die Einkünfte, die bei den anderen Einkunftsarten nicht unterzubringen sind. Zu mehr als 90 Prozent sind das Einkünfte aus Renten.

Von den zusammengefassten Einkünften aus allen Einkunftsarten zieht das Finanzamt nach Paragraph 2 des Einkommensteuergesetzes bestimmte →Freibeträge ab, zum Beispiel den →Altersentlastungsbetrag, und errechnet so den „Gesamtbetrag der Einkünfte". Werden davon →außergewöhnliche Belastungen, →Sonderausgaben und in manchen Fällen →Kinderfreibeträge abgezogen, ergibt sich über mehrere Rechenstufen das „zu versteuernde Einkommen". Daraus errechnet der Fiskus die Einkommensteuerschuld und Zuschlagsteuern wie den →Solidaritätszuschlag und die →Kirchensteuer.

Aber damit ist die Rechnerei manchmal noch nicht zu Ende, denn es gibt Aufwendungen, die die Steuerschuld verringern, etwa für →haushaltsnahe Dienstleistungen, →Handwerkerleistungen und →Parteispenden.

ELStAM

ELStAM ist die Abkürzung von **E**lektronische **L**ohn**st**euer**a**bzugs**m**erkmale. Sie steht für ein elektronisches Verfahren des Lohnsteuerabzugs. Es gilt seit 2014 und hat die Lohnsteuerkarte abgelöst. Diese wurde 2010 zum letzten Mal ausgegeben.

Das Verfahren funktioniert im Prinzip so: Das Bundeszentralamt für Steuern (BZSt) stellt die Daten jedes →Arbeitnehmers, die für den Lohnsteuerabzug erforderlich sind, zusammen. Der Arbeitgeber holt die Daten auf elektronischem Weg monatlich beim BZSt ab, berechnet die Lohnsteuer auf dieser Grundlage und führt sie an das Finanzamt ab. So weit, so einfach. Allein die Tatsache, dass zwischen der letzten Lohnsteuerkarte (2010) und der flächendeckenden Einführung von ELStAM vier Jahre vergingen, zeigt das Ausmaß der Einführungsprobleme. Die dauern teilweise noch an. Umso wichtiger ist es für Arbeitnehmer und Arbeitgeber, die Daten immer auf ihre Richtigkeit zu kontrollieren, beispielsweise anhand der monatlichen Gehaltsabrechnung.

Zu den ELStAM gehören derzeit:
- Steuer-Identifikationsnummer,
- Geburtstag,
- Religionszugehörigkeit,
- →Steuerklasse (einschließlich Informationen zum Faktorverfahren),
- Zahl der →Kinderfreibeträge,
- →Freibeträge, die zwecks →Lohnsteuerermäßigung eingetragen wurden.

Bei ihrer Einstellung müssen Arbeitnehmer dem Arbeitgeber Steuer-Identifikationsnummer und Geburtsdatum mitteilen, und ob es sich um das erste, oder um ein weiteres Dienstverhältnis handelt. Tun sie das nicht, werden sie automatisch mit der ungünstigsten →Steuerklasse VI „bestraft". Arbeitnehmer können sich per Antrag beim Finanzamt weigern, am ELStAM-Verfahren teilzunehmen. Die Folge ist dann ebenfalls Steuerklasse VI. Sie können dem Finanzamt per Vordruck außerdem mitteilen, welche Arbeitgeber ihre Daten beim BZSt abrufen dürfen und welche nicht.

Tipp
Ändern sich ELStAM zu Ihren Gunsten, etwa durch die Geburt eines →Kindes, Hochzeit oder die Bildung einer Lebenspartnerschaft, sollten Sie das dem Finanzamt unverzüglich mitteilen.

ELSTER

ELSTER ist die Abkürzung von **El**ektronische **St**eu**er**klärung. Dahinter steht ein langfristiges Projekt der Finanzverwaltung, den Austausch mit Bürger und Unternehmen immer stärker auf elektronischem Weg abzuwickeln. Das betrifft →Steuererklärungen, Steueranmeldungen, →Steuerbescheide und andere Dokumente. Im Jahr 2013 gingen rund 15,2 Millionen Einkommensteuererklärungen über ELSTER an die Finanzämter.

→Freiberufler, →Gewerbetreibende und Landwirte sind verpflichtet, ihren Austausch mit dem Finanzamt elektronisch abzuwickeln. Nur wenn eine elektronische Übermittlung „wirtschaftlich oder persönlich unzumutbar" ist, darf ein Unternehmer weiter mit Papier hantieren, beispielsweise wenn er keinen Computer oder keinen Internetanschluss hat oder wenn er den elektronischen Austausch alters- oder krankheitsbedingt nicht auf die Reihe bekommt.

→Arbeitnehmer, →Rentner und →Pensionäre müssen nicht über ELSTER mit dem Finanzamt abrechnen. Viele tun es aber freiwillig. Dafür sprechen aus Sicht der Nutzer vor allem zwei Pluspunkte. Zum einen geben die Programme etwas Hilfestellung beim Ausfüllen der Steuerformulare. Sie prüfen eingegebene Daten und weisen auf Eintragungsfehler hin.

Zum anderen lässt sich mit einem Steuerprogramm wie ELSTER die voraussichtliche Steuerzahlung beziehungsweise Steuererstattung ausrechnen. Wer zahlen muss, kann die Abgabe der Steuererklärung per ELSTER bis zum vorgeschriebenen Abgabetermin etwas verzögern und sein Geld noch eine Weile behalten. Wer eine Erstattung zu erwarten hat, gibt zügig ab. Günstig ist außerdem, dass ELSTER Fehler vermeidet, die bei der manuellen Übertragung von Daten aus dem Steuerformular in das Bearbeitungssystem des Finanzamts entstehen können.

Seit 2014 ist die „vorausgefüllte Steuererklärung" überall verfügbar. „Vorausgefüllt" ist dabei aber gar nichts. Es geht vor allem um die Möglichkeit, bei der Finanzverwaltung vorhandene Daten für die Steuererklärung einzusehen und elektronisch abzurufen. Das sind etwa Daten von Arbeitgebern, Rententrägern und Versicherungen. Damit das funktioniert, muss eine Anmeldung über „ElsterOnlinePortal" erfolgen und ein Antrag auf Belegabruf gestellt werden. Die Daten müssen trotzdem genau auf Richtigkeit und Vollständigkeit geprüft werden, denn Fehler sind nicht ausgeschlossen.

💡 Tipp
Unter www.elsterformular.de kann das aktuelle kostenlose Steuerprogramm ELSTER-Formular heruntergeladen werden. Die Finanzämter stellen in der Regel ab Ende Januar kostenlose Programm-CDs für die Steuererklärung des Vorjahrs zur Verfügung.

Existenzgründer

Existenzgründer sind Menschen, die ein eigenes Unternehmen gründen oder erstmals ein bestehendes übernehmen. Der Beginn jeder selbstständigen Tätigkeit ist anzeigepflichtig. Den sogenannten Betriebseröffnungsbogen müssen sich →**Freiberufler** (unaufgefordert) beim Finanzamt holen, um eine Steuernummer zu bekommen. →**Gewerbetreibende** erhalten das Formular in der Regel, nachdem sie sich beim Gewerbeamt angemeldet haben. Der Betriebseröffnungsbogen fragt auch nach der Umsatzerwartung des Gründers. Auf dieser Grundlage legt das Finanzamt Steuervorauszahlungen fest. Deshalb sollte hier besser Bescheidenheit walten. Wer vorhat, die →Kleinunternehmer-Regelung zu nutzen, sollte mit seiner Schätzung nicht über 17 500 Euro Umsatz pro Jahr liegen. Die Umsatzgrenze bezieht sich auf das gesamte Gründungsjahr. Hat jemand seine Firma am 1. Oktober gegründet und schätzt den Umsatz bis 31. Dezember auf 6 000 Euro, bleibt er damit zwar unter 17 500 Euro. Die Hochrechnung des Umsatzes für das gesamte Jahr liegt aber über 17 500 Euro. Die Kleinunternehmer-Regelung darf dann nicht genutzt werden.

Umsatzsteuerpflichtige Gründer müssen unabhängig von der Umsatzhöhe Monat für Monat eine →Umsatzsteuer-Voranmeldung abgeben und gegebenenfalls monatlich vorauszahlen. Das gilt vom Monat des Geschäftsbeginns bis zum Ende des folgenden Jahres. Wer zum Beispiel im Juni 2014 sein Unternehmen gestartet hat, muss bis einschließlich Dezember 2015 monatlich anmelden und (ohne Aufforderung vom Amt!) sofort zahlen.

Tipp

Ausgaben während der Gründungsvorbereitung, etwa für Beratung oder die Suche nach Büroräumen, können Gründer als „vorweggenommene →Betriebsausgaben" geltend machen, auch wenn die Gründung später aus nachvollziehbaren Gründen scheitern sollte.

F

Ferienjob

Wenn sich Schüler und Studenten mit einem Ferienjob etwas hinzuverdienen, sind sie in der Regel „kurzfristig Beschäftigte". Weder sie, noch ihr Arbeitgeber müssen Beiträge zur Arbeitslosen-, Kranken-, Pflege- und Rentenversicherung zahlen. Die Lohnhöhe spielt in der Regel keine Rolle. Für die Beitragsfreiheit gelten allerdings ziemlich enge (und genau überwachte) Voraussetzungen. Die wichtigste: Die

Tätigkeit muss innerhalb eines Kalenderjahres von vornherein auf drei Monate oder 70 Arbeitstage begrenzt sein (siehe Seite 11).

Eine kurzfristige Beschäftigung ist lohnsteuerpflichtig. Allerdings fällt für viele Schüler und Studenten mit Ferienjobs keine Lohnsteuer an, weil die in der →Lohnsteuerklasse I erst ab einem Monatsbruttolohn über 950 Euro zuschlägt. Wird mehr verdient, behält der Arbeitgeber Lohnsteuer (und eventuell →Solidaritätszuschlag und →Kirchensteuer) ein. Der kurzfristig Beschäftigte kann sich die einbehaltenen Steuern aber in der Regel per →Steuererklärung zurückholen. Das funktioniert üblicherweise dann, wenn das zu versteuernde Einkommen im gesamten Kalenderjahr nicht höher lag als der Grundfreibetrag von derzeit 8 472 Euro.

Die „kurzfristige Beschäftigung" ist so etwas wie die Zwillingsschwester der „geringfügig entlohnten Beschäftigung", auch 450-Euro-Job oder →Minijob genannt. Beide gelten als „geringfügige Beschäftigungen". Es sind allerdings sehr ungleiche Schwestern, da der Minijob eine Lohnobergrenze hat und für den Arbeitgeber pauschal abgabenpflichtig ist. Aber auch er eignet sich gut als Ferienjob (siehe auch →Ausbildungskosten, →Kinder).

Tipp

Eine kurzfristige Beschäftigung in den Ferien gefährdet die Kinderförderung für Schüler und Studenten während einer Erstausbildung nicht. Wenn aber →Kinder nach Abschluss einer Erstausbildung oder während eines Zweitstudiums in den Ferien arbeiten, sollten sie ihre Nebentätigkeit vertraglich auf 20 Wochenstunden beschränken. Sonst sind Kindergeld & Co. in Gefahr.

Finanzgerichte

Hat das Finanzamt in einem Rechtsstreit Einsprüche und Änderungsanträge abgelehnt, bleibt nur noch der Gang zum Finanzgericht. Fast jedes Bundesland hat eines dieser spezialisierten Gerichte, Nordrhein-Westfalen drei, Bayern zwei, Berlin und Brandenburg legten 2008 ihre Finanzgerichte zu einem zusammen. Die Gerichte haben gut zu tun, jedes Jahr gehen zehntausende neue Klagen ein. In rund einem Fünftel ihrer Urteile entschieden die Finanzgerichte pro Bürger (siehe auch Seite 22). Die nächste Instanz ist der Bundesfinanzhof. Auch hier gibt es jährlich über 3 000 neue Verfahren, 42 Prozent davon gingen 2014 pro Bürger aus.

Tipp

Jeder darf ohne Anwalt oder Steuerberater vor ein Finanzgericht ziehen. Dennoch ist es ratsam, einen Steuerberater oder Lohnsteuerhilfeverein hinzuzuziehen, bevor man die Finanzverwaltung verklagt.

Eine Klage gegen die Finanzverwaltung muss spätestens einen Monat nach amtlicher Ablehnung des Einspruchs beim zuständigen Finanzgericht eingehen. Mit der Klage werden zunächst 284 Euro Vorauszahlung auf die Gerichtskosten fällig. (Siehe dazu auch →Steuerbescheid.)

Freiberufler

In Deutschland gibt es rund 1,2 Millionen Freiberufler. Steuerlich gesehen sind sie Unternehmer mit →„Einkünften aus selbstständiger Tätigkeit". Im Vergleich zu anderen Unternehmern haben sie ein paar Steuervorteile: Freiberufler müssen keine →Gewerbesteuer zahlen. Sie sind auch nicht verpflichtet, Bilanzen anzufertigen. Das Finanzamt begnügt sich in der Regel mit einer relativ einfachen Einnahmenüberschussrechnung.

Schon wegen dieser Besonderheiten legt das Einkommensteuergesetz in Paragraph 18 relativ genau fest, was freiberuflich ist: „die selbstständig ausgeübte wissenschaftliche, künstlerische, schriftstellerische, unterrichtende oder erzieherische Tätigkeit, die selbstständige Berufstätigkeit der Ärzte, Zahnärzte, Tierärzte, Rechtsanwälte, Notare, Patentanwälte, Vermessungsingenieure, Ingenieure, Architekten, Handelschemiker, Wirtschaftsprüfer, Steuerberater, beratenden Volks- und Betriebswirte, vereidigten Buchprüfer, Steuerbevollmächtigten, Heilpraktiker, Dentisten, Krankengymnasten, Journalisten, Bildberichterstatter, Dolmetscher, Übersetzer, Lotsen, und ähnlicher Berufe."

Damit ist für die meisten Menschen klar, ob sie nach amtlicher Auffassung Freiberufler sind oder nicht. Die Aufzählung verweist aber auch auf „ähnliche Berufe". Da gibt es immer wieder Streit, beispielsweise darüber, ob und unter welchen Voraussetzungen EDV-Berater, Gebrauchsgrafiker oder Kfz-Gutachter freiberuflich oder gewerblich tätig sind. (Siehe auch →Existenzgründer, →Kleinunternehmer.)

Tipp
Wer selbstständig wissenschaftlich, künstlerisch, schriftstellerisch, unterrichtend oder erzieherisch tätig ist, sollte prüfen lassen, ob er Freiberufler ist, auch wenn seine genaue Berufsbezeichnung nicht im Gesetz steht.

Freibeträge/Freigrenzen

Freibeträge sind Beträge, die uneingeschränkt von der Besteuerung freigestellt sind. Überwiegend geht es dabei um Beträge in festgelegter Höhe, zum Beispiel um den Grundfreibetrag. Der soll das notwendige Existenzminimum jedes Bürgers steuerfrei stellen. Er wurde 2015 von 8 354 auf 8 472 Euro angehoben (siehe auch Tabelle Seite 103).

Nicht in jedem Fall wird ein Freibetrag als Freibetrag bezeichnet, oft kommt er auch als „Pauschbetrag" oder „Pauschale" daher, zum Beispiel der →Arbeitnehmerpauschbetrag von 1 000 Euro oder der Sparerpauschbetrag von 801 Euro.

Für →Ehe-/Lebenspartner verdoppeln sich bestimmte Freibeträge, und sie können die auch gemeinsam nutzen, zum Beispiel den Sparerpauschbetrag. Andere Freibeträge stehen nur dem Partner zu, der die entsprechenden Einnahmen tatsächlich hatte, etwa der Arbeitnehmerpauschbetrag.

Es gibt aber auch Freibeträge ohne einheitlich festgelegte Höhe. Wenn →Arbeitnehmer per →Lohnsteuerermäßigung ihre laufende Lohnsteuerbelastung senken wollen, trägt das Amt den Freibetrag in der Regel in der beantragten Höhe ein, etwa für →Werbungskosten, →Sonderausgaben oder →außergewöhnliche Belastungen.

Ein Begriff, der sich sehr ähnlich wie „Freibetrag" anhört, ist „Freigrenze". Eine „Freigrenze" funktioniert aber ganz anders und kann für Überraschungen sorgen. Sie stellt zwar auch Beträge unterhalb einer bestimmten Höhe steuerfrei. Wird diese Grenze aber überschritten, ist alles steuerpflichtig, auch das, was unterhalb des Grenzbetrags liegt. Wer zum Beispiel aus dem Verkauf seiner Münzsammlung nach Abzug aller Kosten weniger als 600 Euro Veräußerungsgewinn erzielt hat, bleibt steuerfrei. Bekam er 601 Euro, setzt ein Fallbeil-Effekt ein und alles wird als →sonstige Einkünfte steuerpflichtig.

💡 Tipp
Achten Sie bei einer Freigrenze auf den Fallbeil-Effekt. Ein paar Euro weniger Einkünfte retten manchmal die Steuerfreiheit

Freistellungsauftrag

Sparer und Anleger können im Rahmen des „Sparerpauschbetrags" Zinsen und andere →Kapitalerträge bis 801 Euro im Jahr steuerfrei einnehmen. Für →Ehe-/Lebenspartner verdoppelt sich der Betrag auf 1602 Euro. Das funktioniert im Jahresverlauf aber nur, wenn sie Bausparkassen, Banken, Fondsgesellschaften und anderen Finanzinstituten einen entsprechenden Freistellungsauftrag erteilt haben. Haben sie das nicht getan, können sie ihren Sparerpauschbetrag nur durch Abgabe einer →Steuererklärung nutzen.

Das Auftragsformular bekommen Sie vom Finanzinstitut, das die Kapitalerträge auszahlt. Ehepaare und eingetragene Lebenspartner können einen gemeinsamen Freistellungsauftrag bis 1602 Euro erteilen oder Einzelaufträge bis jeweils 801 Euro.

Im Rahmen der Höchstbeträge können Sparer auch mehreren Finanzinstituten Freistellungsaufträge erteilen. Aber sie sollten besser insgesamt im Rahmen der Höchstbeträge bleiben, denn die Finanzinstitute melden die freigestellten Kapitalerträge an das Bundeszentralamt für Steuern (BZSt). Damit weiß das Finanzamt Bescheid. Auch die Arbeitsagentur und andere Zahler von Sozialleistungen können die Daten erhalten. (Siehe auch →Kapitalerträge, →Werbungskosten.)

Tipp
Prüfen Sie, ob Ihre Freistellungsaufträge Ihre persönliche Steueridentifikationsnummer enthalten. Reichen Sie die Nummer erforderlichenfalls nach. Ohne sie werden Freistellungsaufträge ab 1.1.2016 unwirksam. Die Nummer steht auf dem Steuerbescheid. Im Zweifelsfall hilft das Finanzamt weiter.

Fristen und Termine
Der 31. Mai ist in der Regel der Abgabetermin für die Einkommensteuererklärung des Vorjahres. Fällt der 31. aufs Wochenende oder auf einen Feiertag, verlängert sich die Frist auf den folgenden Werktag.

Wer seine →Steuererklärung mithilfe eines Steuerberaters oder eines Lohnsteuerhilfevereins anfertigt, hat bis zum 31. Dezember Zeit. Das Finanzamt kann die Erklärung aber früher anfordern. Dann ist in der Regel etwas Verhandlungsspielraum vorhanden, wenn etwa noch Unterlagen fehlen oder Terminprobleme bestehen. In seltenen Fällen lässt sich das Amt auf eine weitere Verlängerung bis zum 28. Februar des Folgejahres ein.

Zeitlicher Spielraum besteht übrigens auch für alle, die ihre Steuererklärung ohne →Steuerberatung anfertigen. Es genügt in der Regel ein formloser schriftlicher Verlängerungsantrag an das Finanzamt mit Begründung und einem neuen Terminvorschlag. Die bis hierher genannten Termine betreffen alle, die verpflichtet sind, eine Steuererklärung abzugeben. Wer freiwillig abgibt, hat dafür vier Jahre Zeit. Die Steuererklärung für das Jahr 2015 müsste also bis spätestens Silvester 2019 das Finanzamt erreichen.

Tipp
Wer Geld vom Finanzamt erwartet, sollte seine Steuererklärung

möglichst zügig abgeben. Nachzahlungen sprechen eher dafür, die Fristen auszuschöpfen.

Liegt der →Steuerbescheid im Briefkasten, läuft eine weitere wichtige Frist an: Sie haben ab dann einen Monat Zeit, um Einspruch einzulegen.

G

Gewerbesteuer

Die Gewerbesteuer ist die wichtigste Steuerquelle der Gemeinden. Sie brachte 2014 rund 44 Milliarden in ihre Kassen. Steuerpflichtig sind Unternehmen mit →Einkünften aus Gewerbebetrieb. →Freiberufler sind in der Regel verschont.

Aber auch die meisten →Gewerbetreibenden zahlen keine Gewerbesteuer.

Nur etwa die Hälfte von ihnen gibt überhaupt eine Gewerbesteuererklärung ab. Die anderen liegen mit ihrem Gewerbeertrag unterhalb des Freibetrags von 24 500 Euro im Jahr. Gut eine Million zahlt tatsächlich Gewerbesteuer.

Die Einkünfte aus Gewerbebetrieb werden auch als Gewinn bezeichnet und bilden die Berechnungsgrundlage für die Gewerbesteuer. Nach Berücksichtigung einer Reihe von Hinzurechnungs- und Kürzungsbeträgen, →Verlusten und dem →Freibetrag von 24 500 Euro ergibt sich der „Gewerbeertrag". Diese Rechnung sollten sich Unternehmer möglichst nicht selbst antun, sondern eine →Steuerberatung nutzen. Fällt der Gewerbeertrag positiv aus, wird er mit der einheitlichen „Gewerbesteuer-Messzahl" von 3,5 Prozent malgenommen. Das ergibt den „Gewerbesteuer-Messbetrag". Aus beispielsweise 30 000 Euro Gewerbeertrag werden so 1 050 Euro Gewerbesteuer-Messbetrag (30 000 mal 3,5 Prozent). Dann kommt der „Hebesatz" ins Spiel, den jede Gemeinde selbst festlegt. Beträgt er, wie zum Beispiel in Berlin, 410 Prozent, zahlt der Beispielunternehmer zunächst 4 305 Euro Gewerbesteuer beim Finanzamt (1 050 mal 410 Prozent).

Die tatsächliche Steuerbelastung fällt unter dem Strich aber deutlich geringer aus, denn die gezahlte Gewerbesteuer verringert die Einkommensteuer des Unternehmers. Das funktioniert so: Das Finanzamt vervielfältigt den Gewerbesteuer-Messbetrag bundesweit einheitlich mit dem Faktor 3,8. Im Beispiel ergibt das 3 990 Euro (1 050 Euro mal 3,8). Um diesen Betrag verringert sich die Einkommensteuerschuld des Unternehmers. Damit bleibt unter dem Strich eine Belastung von 315 Euro übrig (4 305 minus 3 990).

Tipp

Wer Verluste aus seinem Gewerbebetrieb hat, sollte immer eine Gewerbesteuererklärung abgeben: Verluste können mit künftigen positiven Einkünften verrechnet werden.

Gewerbetreibende

Gewerbetreibende sind Unternehmer mit →Einkünften aus Gewerbebetrieb. Was das ist, steht zwar nicht im Gesetz, es gibt aber eine Faustregel: Wer als Unternehmer nicht →Freiberufler und nicht Landwirt ist, gilt bis zum Gegenbeweis als Gewerbetreibender. Davon gibt es in Deutschland etwa 3,5 Millionen; rund die Hälfte arbeitet solo, also ohne →Arbeitnehmer.

Gewerbetreibende müssen sich „grundsätzlich" in das Handelsregister eintragen lassen, Bücher führen, eine Bilanz erstellen, →Umsatzsteuer und →Gewerbesteuer zahlen. Aber wenn Juristen „grundsätzlich" sagen, sind die Ausnahmen nicht weit. Gewerbetreibende müssen sich nämlich weder in das Handelsregister eintragen lassen, noch eine Bilanz machen, wenn Umsatz/Gewinn im Jahr unter 500 000/50 000 Euro liegen.

Unter dieser Hürde läuft die Mehrheit der Gewerbetreibenden locker hindurch, rund 40 Prozent von ihnen sind sogar →Kleinunternehmer mit Umsätzen bis 17 500 Euro im Jahr. Auch die Gewerbesteuer ist für die meisten kein Thema, denn es gibt hier einen →Freibetrag von 24 500 Euro im Jahr. Eine Gewerbesteuererklärung wird trotzdem manchmal erforderlich, weil Verluste anfielen, die mit späteren Gewinnen verrechnet werden dürfen. Gewerbetreibende

Kleinunternehmer können außerdem selbst entscheiden, ob sie umsatzsteuerpflichtig sind oder nicht. (Siehe auch →AfA, →Existenzgründer.)

💡 Tipp

Gewerbetreibende mit Umsätzen bis 17 500 Euro müssen die amtliche Anlage EÜR nicht ausfüllen. Es reicht eine formlose Einnahmenüberschussrechnung.

Grunderwerbsteuer

Wechselt ein Grundstück seinen Eigentümer, will auch das Finanzamt per Grunderwerbsteuer daran verdienen. Die →Steuersätze liegen zwischen 3,5 Prozent in Bayern und Sachsen und 6,5 Prozent zum Beispiel in Schleswig-Holstein (siehe Tabelle rechts). Die Grunderwerbsteuer steht den Ländern zu und erreichte 2014 mit 9,3 Milliarden Euro einen neuen Höchststand.

Zum Glück muss nicht jeder zahlen, denn einige „Eigentumsübergänge" bleiben nach den Paragraphen 3 und 4 des Grunderwerbsteuergesetzes steuerfrei. Dazu gehören

- Grundstücke bis 2 500 Euro,
- geerbte und geschenkte Grundstücke,
- Grundstücke, die von einem Verwandten „in gerader Linie" erworben wurden (also von Eltern, Kindern, Großeltern, Enkeln).
- Grundstücke, die von Stiefeltern, Stiefkindern, Schwiegereltern, Schwiegerkindern erworben wurden,
- Grundstücke, die vom →Ehe-/Lebenspartner erworben wurden. Das kann auch Ex-Ehe-/Lebenspartner im Rahmen einer Scheidung/Aufhebung betreffen.

Für alle, die zahlen müssen, ist Gegenstand der Steuer nicht nur der Preis von Grund und Boden, sondern auch die Bebauung. Wer beispielsweise ein Grundstück für 50 000 Euro einschließlich Wohngebäude für 250 000 Euro gekauft hat, zahlt dafür in Nordrhein-Westfalen 19 500 Euro Grunderwerbsteuer (50 000 plus 250 000 mal 6,5 Prozent). Auch wenn ein Bauträger einen erst geplanten Neubau zusammen mit dem Grundstück

Grunderwerbsteuer in den Bundesländern

Bundesland	Steuersatz
Baden-Württemberg	5,0 %
Bayern	3,5 %
Berlin	6,0 %
Brandenburg	6,5 %
Bremen	5,0 %
Hamburg	4,5 %
Hessen	6,0 %
Mecklenburg-Vorpommern	5,0 %
Niedersachsen	5,0 %
Nordrhein-Westfalen	6,5 %
Rheinland-Pfalz	5,0 %
Saarland	6,5 %
Sachsen	3,5 %
Sachsen-Anhalt	5,0 %
Schleswig-Holstein	6,5 %
Thüringen	5,0 %

Stand: Oktober 2015

aus einer Hand anbietet, verlangt das Finanzamt Grunderwerbsteuer auf das Grundstück und die Baukosten.

Tipp

Wer zunächst Bauland erwirbt und sich danach selbst, aber vor allem unabhängig und fern vom Baulandanbieter, um eine Baufirma kümmert, zahlt die Grunderwerbssteuer nur für das Grundstück, nicht für die Baukosten.

H

Handwerkerleistungen

Das Finanzamt fördert Reparatur- und Modernisierungsarbeiten, die Handwerker in privaten Haushalten ausführen. Diese Möglichkeit können Mieter und Eigentümer selbst genutzter Häuser und Wohnungen gleichermaßen nutzen.

Wenn Klempner, Maler, Maurer oder Vertreter anderer Gewerke anrücken, können ihre privaten Auftraggeber von den Kosten bis zu 6 000 Euro im Jahr geltend machen. Davon können 20 Prozent, also höchstens 1 200 Euro, unmittelbar die Einkommensteuerschuld senken (6 000 mal 20 Prozent).

💡 Tipp
Nicht nur Reparatur- und Modernisierungsarbeiten im Haushalt sind förderfähig. Nach langem Widerstand zählt das Finanzamt nunmehr auch Aus- und Erweiterungsbauten, etwa einen Dachausbau, den Anbau eines Wintergartens oder einer Garage zu den förderfähigen Leistungen.

Förderfähig sind allerdings nur die Personalkosten. Die sind aber weit gefasst: Alles, was nicht direkt unter Material fällt, kann berücksichtigt werden, auch Anfahrtskosten, Maschinenlaufzeiten und die →Umsatzsteuer. Begünstigt sind ebenfalls Wartung und Reparatur technischer Geräte, zum Beispiel Waschmaschinen, Geschirrspüler, Kochherde, Kühlschränke oder Computer, wenn die Wartungs- oder Reparaturarbeiten im Haushalt stattfinden.

Zum Nachweis sind zwei Belege erforderlich: Die Rechnung des Handwerkers und der Überweisungsbeleg des Auftraggebers (Kopie des Kontoauszugs). Material- und Personalkosten müssen voneinander getrennt ausgewiesen sein. Die Belege will das Finanzamt zwar nicht mehr zusammen mit der →Steuererklärung sehen, sie müssen aber vorzeigbar sein, wenn das Amt danach fragt. Barzahlungen oder einfache Quittungen erkennen die Beamten nicht an.

Beispiel
Henriette und Holger Hase wohnen in einer Mietwohnung. Das Ehepaar hat in diesem Jahr einem Maler 5 000 Euro für Renovierungsarbeiten bezahlt, davon 4 000 Euro Personalkosten und 1 000 Euro für Tapete, Farbe und anderes Material. Für eine Waschmaschinenreparatur berechnete der Monteur 200 Euro Personalkosten und 100 Euro für ein neues Teil. Damit kann Familie Hase insgesamt 4 200 Euro Personalkosten aus Handwerkerleistungen geltend machen und zahlt

840 Euro weniger Steuern (20 Prozent von 4 200). (Siehe auch →haushaltsnahe Dienstleistungen.)

💡 Tipp

Die Förderung für Handwerkerleistungen gibt es jedes Jahr neu. Wer Leistungen zeitlich geschickt verteilt, kann den Jahreshöchstbetrag öfter ausschöpfen, zum Beispiel wenn er im ersten Jahr einen Teil der Wohnung renovieren lässt, im folgenden Jahr den anderen. Oder: Wenn 2015 bereits eine Anzahlung fließt, die Leistung aber erst 2016 erfolgt, kann das in beiden Jahren die Steuerschuld um jeweils bis zu 1 200 Euro drücken.

Härteausgleich

→Arbeitnehmer, die neben ihrem Lohn weitere →Einkünfte haben, können davon bis zu 410 Euro im Jahr steuerfrei kassieren, beispielsweise, aus Mieten, Renten oder unternehmerischer Tätigkeit. Nebeneinkünfte bis 820 Euro werden milder besteuert. Dieser Vorteil nennt sich Härteausgleich und gilt auch für →Beamte und →Pensionäre.

Beispiel

Ingrid Igel ist eine ledige Arbeitnehmerin. Durch den gelegentlichen Verkauf von Versicherungen verdiente sie sich 500 Euro dazu. Nach dem Abzug von 100 Euro für Fahrtkosten und anderen →Betriebsausgaben kam sie auf 400 Euro steuerpflichtige Einkünfte. Die bleiben komplett steuerfrei, weil sie unter 410 Euro liegen. Eine →Steuererklärung wird aus diesem Grund auch nicht fällig.

Ab 410 Euro aufwärts schmilzt der Steuervorteil nach der Formel: 820 Euro minus Nebeneinkünfte ergibt die steuerfreien Nebeneinkünfte. Hätte Ingrid aus dem Beispiel nicht 400 Euro, sondern 600 Euro Einkünfte, würde das Finanzamt die 820-Euro-Obergrenze um 600 Euro verringern. Im Ergebnis blieben nicht 410, sondern nur 220 Euro steuerfrei (820 minus 600).

Für Zinsen, Dividenden und andere →Kapitalerträge gilt die Steuerfreiheit bis 410 Euro und der Härteausgleich seit 2014 nicht mehr.

Das regelt das „Gesetz zur Anpassung des nationalen Steuerrechts an den Beitritt Kroatiens zur EU und zur Änderung weiterer steuerlicher Vorschriften", das seit Juli 2014 in Kraft ist.

Für →Ehe-/Lebenspartner gilt übrigens die gleiche Obergrenze von 410 Euro. Sie verdoppelt sich nicht, obwohl die Nebeneinkünfte beider Partner zusammengerechnet werden. Paare sollten deshalb überlegen, ob sich zwei getrennte Steuererklärungen lohnen. Hat zum Beispiel die Ehefrau 500 Euro Nebeneinkünfte und der Ehemann ebenfalls 500 Euro, müssten sie das zusammen voll versteuern, weil mit 1000 Euro die 820-Euro-Hürde gerissen ist. Das sollte aber vorher gut durchgerechnet werden, denn bei zwei getrennten Steuererklärungen wäre der günstige Splittingtarif nicht anwendbar.

💡 Tipp

Wenn Arbeitnehmer, Beamte sowie Pensionäre den →Altersentlastungsbetrag nutzen können, dürfen sie sogar noch mehr Nebeneinkünfte steuerfrei oder steuerbegünstigt kassieren.

Haushaltsnahe Dienstleistungen

Unter haushaltsnahen Dienstleistungen versteht das Finanzamt einfache Arbeiten in einem privaten Haushalt. Sie werden üblicherweise von Haushaltsmitgliedern selbst erledigt, sind aber förderfähig, wenn eine Dienstleistungsfirma sie ausführt. Die Helfer können zum Beispiel Fensterputzer, Köche, Gärtner oder Betreuungs- und Pflegedienste sein. Private →Umzugskosten dürfen übrigens auch in diesem Rahmen geltend gemacht werden.

Nach Schätzungen des Bundesfinanzministeriums ist die Steuerentlastungen durch haushaltsnahe Dienstleistungen und Handwerkerleistungen beträchtlich: Allein 2010 beliefen sie sich auf rund vier Milliarden Euro. Der Bundesrechnungshof kritisierte die Finanzverwaltung kürzlich heftig dafür, dass sie 80 bis 90 Prozent aller Fälle „ohne jegliche Prüfung" durchwinken würde.

Die Förderung können Mieter und Eigentümer selbst genutzter Häuser und Wohnungen gleichermaßen nutzen. Das Finanzamt akzeptiert Personalkosten bis 20 000 Euro im Jahr, 20 Prozent davon, also bis 4 000 Euro, können auf diese Weise eins zu eins die Steuerschuld verringern. Materialkosten bleiben wie bei den →Handwerkerleistungen ungefördert.

Auch ohne einen speziell beauftragten Dienstleister ergibt sich hier Steuersparpotenzial für die allermeisten Mieter und Selbstnutzer von Wohneigentum. In den regelmäßig anfallenden Wohnnebenkosten finden sich nämlich Ausgaben, die als haushaltsnahe Dienstleistungen förderfähig sind, etwa für den Hauswart, für Treppenreinigung, Gartenpflege oder den Winterdienst. Solche Leistungen sind steuerlich nutzbar, wenn Vermieter oder Verwalter sie entsprechend ausgewiesen haben. Das gilt übrigens auch für Senioren mit eigenem Haushalt in einem Alten(wohn)heim, einem Pflegeheim oder einem Wohnstift.

Beispiel

Jessica und Jonas Jute haben eine Service-Agentur damit beauftragt, ihre Mietwohnung zu putzen und die Fenster zu reinigen. Dafür zahlen sie 6 000 Euro Personalkosten im Jahr. Der Vermieter stellt ihnen außerdem für Treppenreinigung, Gartenpflege und Winterdienst insgesamt 400 Euro in Rechnung. Sie können somit 6 400 Euro haushaltsnahe Dienstleistungen auf dem Mantelbogen ihrer Steuererklärung geltend machen. Dafür zahlt Familie Jute 1 280 Euro weniger Steuern (6 400 mal 20 Prozent). Auch die versicherungspflichtige Beschäftigung einer Haushaltshilfe ist im Rahmen der haushaltsnahen Dienstleistungen mit bis zu 20 000 Euro im Jahr förderfähig. Das Arbeitsverhältnis muss aber wie jede andere versicherungspflichtige Tätigkeit angemeldet und abgerechnet werden. Die Förderung kann es auch für versicherungspflichtig angestellte Verwandte und Bekannte geben. Die Helfer dürfen aber nicht zum eigenen Haushalt gehören.

💡 Tipp

Wird eine Haushaltshilfe mit →Minijob beschäftigt, fallen die Kosten dafür nicht in den Rahmen der förderfähigen 20 000 Euro. Die Lohnkosten für den Minijob können zusätzlich mit bis zu 510 Euro die Steuerschuld drücken (20 Prozent von höchstens 2 550 Euro).

K

Kapitalerträge

Unter Kapitalerträgen versteht das Finanzamt zum Beispiel Zinsen, Dividenden, Fondsausschüttungen und Veräußerungsgewinne von Wertpapieren. Seit 2009 gilt dafür eine Abgeltungsteuer von 25 Prozent. Dazu kommen noch der →Solidaritätszuschlag und gegebenenfalls →Kirchensteuer. Für den Abzug von Kirchensteuer auf Kapitalerträge gilt ab 2015 ein neues Verfahren (siehe auch Seite 11).

Banken, Bausparkassen, Fondsgesellschaften und andere Finanzdienstleister behalten in der Regel die Abgeltungsteuer von den Kapitalerträgen ihrer Kunden ein und führen sie direkt an das Finanzamt ab. So besteuerte Kapitalerträge müssen nicht in der →Steuererklärung angegeben werden.

Sparer und Anleger erreichen per →Freistellungsauftrag, dass Kapitalerträge bis 801 Euro im Jahr von der Abgeltungsteuer verschont bleiben. Das ist die Höhe des sogenannten Sparerpauschbetrags. Für →Ehe-/Lebenspartner verdoppelt er sich auf 1 602 Euro. Nach Ansicht der Finanzverwaltung sind mit der Pauschale sämtliche →Werbungskosten abgegolten, die im Zusammenhang mit Kapitalerträgen angefallen sind, etwa Depotgebühren, Beratungskosten oder Schuldzinsen. Steuerexperten sind anderer Ansicht, gegen die strikte Begrenzung der Werbungskosten auf die Höhe des Sparerpauschbetrags regt sich juristischer Widerstand.

Auf Antrag prüft das Finanzamt, ob für Empfänger von Kapitalerträgen die Besteuerung mit der Abgeltungsteuer oder mit dem persönlichen →Steuersatz vorteilhafter ist. Der Antrag auf diese Günstigerprüfung besteht nur aus einem Kreuz auf der ersten Seite der Anlage KAP zur Steuererklärung. Der persönliche Steuersatz ist in der Regel günstiger, wenn er unter 25 Prozent liegt. Das ist bei einem zu versteuernden Einkommen (ohne Kapitaleinkünfte) von rund 15 700/ 31 400 Euro der Fall (Alleinstehende/Ehepaare und Lebenspartner). In solchen Fällen sollte immer eine Günstigerprüfung beantragt werden. Wer den →Altersentlastungsbetrag für seine Kapitaleinkünfte nutzen kann, darf dank dieses Freibetrags Kapitalerträge bis zu 1 900 Euro oberhalb des Sparerpauschbetrags steuerfrei kassieren (siehe auch Seite 154).

Beispiel

Karin und Konrad Kümmel sind →Rentner. Zusätzlich zu ihren Renten (zu versteuerndes Einkommen 11 000 Euro) hatten sie zusammen Kapitalerträge von 10 000 Euro. Dafür können beide den Altersentlastungsbetrag von 40 Prozent, maximal 1 900 Euro nutzen. Auf das zu versteuernde Renteneinkommen von 11 000 Euro wird keine Steuer fällig, weil das Ehepaar Kümmel 2015 damit unter dem Grundfreibetrag von 16 944 Euro bleibt. Bei den Kapitalerträgen berücksichtigt die Bank den vollen Sparerpauschbetrag und führt 2 215 Euro Abgeltungsteuer und Solidaritätszuschlag an das Finanzamt ab. Das holen sich Karin und Konrad per Steuererklärung komplett zurück. Dank Sparerpauschbetrag (1 602 Euro) und →Altersentlastungsbetrag drücken sie ihre Kapitaleinkünfte auf 5 038 Euro. Zusammen mit den Renteneinkünften ergibt das ein zu versteuerndes Einkommen von 16 038 Euro (11 000 plus 5 038). Damit zahlt das Ehepaar keine Einkommenssteuer.

Menschen mit einem zu versteuernden Einkommen unterhalb des Grundfreibetrags von 8 472/ 16 944 Euro (Alleinstehende/Ehe- und Lebenspartner) können mit einer sogenannten Nichtveranlagungs-Bescheinigung (NV-Bescheinigung) erreichen, dass ihnen Banken und andere Finanzinstitute

Kapitaleinkünfte oberhalb des Sparerpauschbetrags steuerfrei auszahlen. Die NV-Bescheinigung gilt meist drei Jahre und wird auf einem besonderen Formular beantragt, in das alle →Einkünfte gehören. Gute Aussicht auf eine NV-Bescheinigung haben zum Beispiel Menschen mit hohen Zinseinnahmen und relativ geringen anderen Einkünften, etwa Ruheständler. Das gilt verstärkt, wenn ihnen für ihre Kapitalerträge der Altersentlastungsbetrag zur Verfügung steht. (Siehe auch →Werbungskosten.)

Tipp
Auch Zinsen aus Privatdarlehen an →Angehörige können mit 25 Prozent Abgeltungsteuer günstig besteuert werden. Voraussetzung: Der Vertrag wird wie zwischen Fremden abgeschlossen und durchgeführt, entschied der Bundesfinanzhof kürzlich (Aktenzeichen VIII R 9/13).

Kinder

Bis zum 18. Geburtstag ihres Kindes erhalten Eltern die Kinderförderungen in der Regel ohne Einschränkung. Wenn bestimmte Voraussetzungen erfüllt sind, gibt es auch danach weiter →Kindergeld, den →Kinderfreibetrag, den Entlastungsbetrag für →Alleinerziehende, den →Ausbildungsfreibetrag und weitere Unterstützung (siehe auch Seite 23).

Arbeitslose Kinder können bis zu ihrem 21. Geburtstag gefördert werden, wenn sie der Arbeitsvermittlung zur Verfügung stehen. Kinder in Ausbildung erhalten Kindergeld & Co. grundsätzlich bis zu ihrem 25. Geburtstag. Diese beiden Altersgrenzen verlängern sich um die Zeit des abgeleisteten gesetzlichen Grundwehr- oder Zivildienstes, den das Kind vor dem 1. Juli 2011 angetreten hat. Ein freiwilliger Wehrdienst bis zu 3 Jahren und die vom Grundwehr- oder Zivildienst befreiende Tätigkeit als Entwicklungshelfer verlängern die Kinderförderung ebenfalls. Für behinderte Kinder gilt grundsätzlich keine Altersbegrenzung, wenn die Behinderung vor dem 25. Geburtstag eingetreten ist.

Erwachsene Kinder können aber auch dann weiter gefördert werden,

wenn sie weder arbeitslos, noch in einer Ausbildung sind. Sie müssen nur eine der folgenden Bedingungen erfüllen:
- Die Kinder befinden sich in einer Übergangszeit zwischen zwei Ausbildungsabschnitten von höchstens vier Monaten.
- Die Kinder können eine Berufsausbildung mangels Ausbildungsplatzes nicht beginnen oder fortsetzen.
- Die Kinder leisten ein freiwilliges soziales oder ökologisches Jahr, Bundesfreiwilligendienst oder einen anderen geförderten Freiwilligendienst.

Für die viermonatige Übergangszeit ist unerheblich, an welchem Tag des Monats eine Ausbildung begonnen wurde und an welchem sie zu Ende gegangen ist. Hat zum Beispiel ein 19-Jähriger am 15. Mai die Schule beendet und am 7. Oktober sein Studium begonnen, steht den Eltern weiter Kindergeld zu. In diesem Fall sind es mit Juni, Juli, August, September genau vier Monate Übergangszeit.

Auch andere Übergangszeiten sind förderfähig, etwa die zwischen einem Ausbildungsabbruch und dem Beginn einer neuen Ausbildung, zwischen dem Ende einer Erst- und dem Beginn einer Zweitausbildung oder zwischen einem Arbeitsplatzverlust und dem Beginn einer weiteren Ausbildung.

Der Viermonatszeitraum ist aber nicht „in Stein gemeißelt". Wenn ein Kind trotz nachweislicher Bemühungen innerhalb von vier Monaten keinen Ausbildungsplatz findet oder ein vereinbartes Ausbildungsverhältnis erst später beginnt, gilt das Kind als „ausbildungswillig". Der Viermonatszeitraum spielt dann keine Rolle und Eltern können die Kinderförderung auch für eine längere Übergangszeit erhalten.

Erwachsene Kinder werden seit 2012 unabhängig von ihren →Einkünften und Bezügen steuerlich als Kinder berücksichtigt. Eine neue Hürde ist allerdings die Art der Ausbildung. Kinder in einer Erstausbildung können nebenbei so viel arbeiten wie sie wollen, ohne die Kinderförderung zu gefährden. Ist aber bereits eine Erstausbildung oder ein Erststudium abgeschlossen und befindet das Kind sich in einer weiteren Ausbildung oder einem weiteren Studium, gibt es die Kinderförderung nur noch, wenn das Kind nicht erwerbstätig ist (siehe auch Seite 12).

Unter Erwerbstätigkeit versteht das Finanzamt eine regelmäßige wöchentliche Arbeit von mehr als 20 Stunden. Weniger Stunden sind kein Problem. Ein →Minijob oder ein Ausbildungsdienstverhältnis, etwa als Azubi in einem Unternehmen, ist, unabhängig von der Wochenstundenzahl, keine Gefahr für die Förderung.

Entfällt die Kinderförderung wegen der Erwerbstätigkeit, ist das in der Regel ein Nachteil, den es zu vermeiden gilt. Ein Vorteil jedoch bleibt: Die Aufwendungen für die Ausbildung des Kindes sind als →Werbungskosten oder →Betriebsausgaben voll absetzbar. (Siehe auch →Ausbildungskosten, →Ferienjob.)

Tipp
Ob eine Erwerbstätigkeit vorliegt, entscheidet das Finanzamt an den im Arbeitsvertrag festgelegten Wochenarbeitsstunden, nicht nach der tatsächlich geleisteten Arbeitszeit.

Kinderbetreuungskosten
Eltern können Kinderbetreuungskosten als →Sonderausgaben geltend machen. Das Finanzamt berücksichtigt höchstens 6 000 Euro pro Kind und Jahr. Zwei Drittel davon, also höchstens 4 000 Euro, wirken sich steuersenkend aus. Voraussetzung ist, dass das →Kind noch nicht 14 ist.

Für behinderte Kinder gilt keine Altersgrenze, wenn die Behinderung vor dem 25. Geburtstag des Kindes eingetreten ist.

Beispiel
Zahlt ein Elternpaar im Jahr 2 100 Euro Kita-Gebühren, gehören die voll auf die Anlage Kind der →Steuererklärung. Das Finanzamt kürzt von sich aus auf zwei Drittel, in diesem Fall auf 1 400 Euro. Nur

diese 1400 Euro verringern als →Sonderausgaben die Steuerbelastung.

Die Höchstbeträge gelten pro →Kind für →Alleinerziehende und Elternpaare gleichermaßen. Es sind Jahresbeträge, die in voller Höhe zur Verfügung stehen, unabhängig davon, ob Eltern das ganze Jahr oder nur ein paar Tage tatsächlich Betreuungsaufwendungen hatten. Werden die Kinder im Ausland betreut, können je nach →Ländergruppe auch geringere Beträge absetzbar sein.

Anerkannte Aufwendungen sind etwa Zahlungen an Kindergärten, -krippen, Babysitter oder Tagesmütter. Auch Angehörige können die Betreuung übernehmen. Begünstigt sind aber nur Ausgaben für die unmittelbare Betreuung. Was das Finanzamt nicht akzeptiert, sind: Aufwendungen für Unterricht (zum Beispiel →Schulgeld, Nachhilfeunterricht, Fremdsprachenkurse), die Vermittlung besonderer Fähigkeiten (etwa Musikunterricht, PC-Kurse) sowie sportliche und andere Freizeitbetätigungen (beispielsweise die Mitgliedschaft in Sport- oder anderen Vereinen, Tennis-/Reitstunden).

Eltern dürfen Betreuungskosten nicht bar bezahlen, sondern müssen sie überweisen. Als Nachweise gegenüber dem Finanzamt brauchen sie eine Rechnung der betreuenden Stelle, etwa der Tagesmutter, und den Überweisungsbeleg der Bank. Sie müssen diese Nachweise der Steuererklärung nicht mehr beifügen, brauchen sie aber, wenn das Finanzamt sie sehen will. (Siehe auch →Alleinerziehende, →Arbeitgeberleistungen.)

Tipp
Kosten für die Betreuung von Vorschulkindern seiner →Arbeitnehmer kann auch der Arbeitgeber steuer- und abgabenfrei übernehmen (siehe auch 38).

Kinderfreibetrag
Der Kinderfreibetrag beträgt 2015 für jeden Elternteil 2256 Euro pro Kind. Bei Ehepaaren und Lebenspartnerschaften, die eine gemeinsa-

me →Steuererklärung abgeben, verdoppelt er sich auf 4 512 Euro. Es gibt ihn (genauso wie das →Kindergeld) nur für die Monate des Jahres, in denen alle Voraussetzungen bestanden haben. Den Kinderfreibetrag können Eltern derzeit nutzen, wenn ihr zu versteuerndes Einkommen 31850/63700 Euro übersteigt (→Alleinerziehende/Ehe- und Lebenspartner). Eltern erhalten den →Freibetrag immer dann, wenn er sie stärker entlastet als das Kindergeld.

Das Finanzamt prüft anhand der Steuererklärung von sich aus, ob Eltern mit dem Kindergeld oder dem Kinderfreibetrag besser fahren und berücksichtigt die günstigere Förderung. Wenn das der Kinderfreibetrag ist, muss das Finanzamt das im Jahresverlauf bereits gezahlte Kindergeld wieder einkassieren. Das macht das Amt per →Steuerbescheid durch eine entsprechende Erhöhung der Steuerschuld der Eltern.

Zusätzlich zum Kinderfreibetrag erhält jeder Elternteil pro Kind einen sogenannten Bedarfsfreibetrag von 1 320 Euro jährlich. Der ist praktisch ein Zuschlag zum Kinderfreibetrag. Amtlich nennt er sich „Freibetrag für den Betreuungs- und Erziehungs- oder Ausbildungsbedarf". Bei Eltern, die eine gemeinsame Steuererklärung abgeben, verdoppelt sich der Bedarfsfreibetrag auf 2 640 Euro. Im Staatshaushalt 2015 schlugen Kinderfreibetrag plus Bedarfsfreibetrag mit knapp drei Milliarden Euro zu Buche.

Der Kinderfreibetrag steht jedem Elternteil zur Hälfte zu. Er ist übertragbar, zum Beispiel auf den anderen Elternteil oder auf Großeltern und Stiefeltern. Der wohl häufigste Fall: Ein Elternteil beantragt die Übertragung des zweiten halben Kinderfreibetrags auf sich selbst, weil der andere Elternteil seine Unterhaltsverpflichtungen nicht erfüllt hat. Das funktioniert, wenn weniger als 75 Prozent des Unterhalts ankommen. Auch wenn der andere Elternteil nicht zum Unterhalt verpflichtet ist, weil er das finanziell nicht schafft, ist eine Übertragung möglich. (Siehe auch →Kinder, →Kindergeld.)

> **💡 Tipp**
> Lebt das Kind im Ausland, können Eltern ebenfalls einen Kinderfreibetrag plus Bedarfsfreibetrag erhalten. Er kann aber je nach der →Ländergruppe geringer ausfallen.

Kindergeld

Mit 38 Milliarden Euro im Jahr ist Kindergeld die finanziell schwergewichtigste steuerliche Leistung für den Nachwuchs. Die Familienkasse zahlt 2015 monatlich für das

- erste und zweite →Kind je 188 Euro,
- dritte Kind 194 Euro,
- vierte und für jedes weitere Kind jeweils 219 Euro.

Kindergeld gibt es für jeden Lebensmonat. Wurde das Kind zum Beispiel im Mai geboren, erhalten die Eltern von Mai bis Dezember für 8 Monate Kindergeld.

Im Jahresverlauf erhalten alle Eltern zunächst Kindergeld. Im Rahmen der →Steuererklärung prüft das Finanzamt, ob das Kindergeld oder der →Kinderfreibetrag den Eltern mehr Entlastung bringt. Eltern müssen dafür keinen Antrag stellen. Voraussetzung für diese sogenannte Günstigerprüfung ist aber, dass Eltern eine Steuererklärung abgegeben haben (einschließlich der Anlage Kind). Beläuft sich das zu versteuernde Einkommen von alleinstehenden Eltern auf bis zu 31 850 Euro, fahren sie mit dem Kindergeld in der Regel besser.

Für →Ehe-/Lebenspartner verdoppelt sich dieser Wert auf 63 700 Euro. Menschen mit höherem Einkommen werden durch den →Kinderfreibetrag stärker entlastet. (Siehe auch →Kinder, →Kinderfreibetrag.)

Kirchensteuer

Die Kirchensteuer ist im Prinzip ein Zuschlag zur Einkommensteuer. Das Finanzamt treibt sie im Auftrag von Religionsgemeinschaften ein und berechnet sie mit 8 Prozent der Lohn- oder Einkommensteuerschuld in Baden-Württemberg und Bayern, in den anderen Bundesländern mit 9 Prozent. Für religions- und glaubensverschiedene Ehen gelten je nach Bundesland unterschiedliche Bestimmungen. Kirchensteuerpflichtig sind Mitglieder bestimmter Kirchen, zum Beispiel der evangelischen und römisch-katholischen Kirche. Daneben gibt es kleinere Religionsgemeinschaften, für die das Finanzamt ebenfalls die Kirchensteuer eintreibt. Die Namen finden Sie auf der vierten Seite der amtlichen Anleitung zur Einkommensteuererklärung. Die Kirchen legen nach eigenen Regeln fest, wer bei ihnen Mitglied ist. Mit dem Kirchenaustritt endet die Kirchensteuerpflicht je nach Bundesland im Austrittsmonat oder im Folgemonat.

Gezahlte Kirchensteuer ist grundsätzlich als →Sonderausgabe absetzbar. Das gilt aber nicht für die pauschale Kirchensteuer auf Zinsen und andere →Kapitalerträge, die Banken und andere Finanzinstitute zusammen mit der Abgeltungsteuer an das Finanzamt abführen. Um diesen Nachteil für Kirchensteuerzahler auszugleichen, verringern die Finanzinstitute die Abgeltungsteuer ein wenig. Bei einem Kirchensteuersatz von 9 Prozent werden statt 25 Prozent Abgeltungsteuer 24,45 Prozent fällig. Bei 8 Prozent Kirchensteuer beträgt der Abgeltungsteuersatz 24,51 statt 25 Prozent. Ab 2015 führen Banken und andere Finanzinstitute die Kirchensteuer, die sie im Rahmen der Abgeltungsteuer einbehalten haben, in einem automatisierten Verfahren an den Fiskus ab. (Siehe dazu auch →Kapitalerträge und Seite 11.)

Tipp
Auf Antrag kappen viele Kirchenbehörden bei hohen →Einkünften die Kirchensteuer bei 3 bis 4 Prozent des zu versteuernden Einkommens.

Kleinunternehmer

Kleinunternehmer sind Unternehmer, deren Umsatz im vergangenen Kalenderjahr 17 500 Euro nicht überschritten hat und der im laufenden Jahr 50 000 Euro voraussichtlich nicht überschreiten wird.

Für Kleinunternehmer gelten ein paar steuerliche Besonderheiten. So können sie wählen, ob sie auf ihre

Umsätze →Umsatzsteuer erheben oder nicht. Verzichten sie auf die Umsatzsteuer, müssen sie auch keine an das Finanzamt abführen und sparen sich eine Menge Bürokratie. Ein Verzicht sollte aber gut überlegt sein, denn finanziell ist er nicht immer vorteilhaft. Kleinunternehmer bekommen dann nämlich auch die Umsatzsteuer nicht vom Finanzamt zurück, die in den Preisen für die Waren und Leistungen enthalten ist, die sie für ihre Firma einkaufen. Besonders negativ kann sich das in Zeiten auswirken, in denen Investitionen hoch, die Umsätze dagegen gering ausfallen. Das kommt beispielsweise bei einem Neustart oder bei →Existenzgründern ziemlich oft vor.

Wer sich beispielsweise entschließt, auf seinem Hausdach Solarstrom zu produzieren, ihn regelmäßig in das allgemeine Stromnetz einzuspeisen und damit Gewinne zu erzielen, ist in den Augen des Finanzamts →Gewerbetreibender. In der Regel ist er auch Kleinunternehmer. Entscheidet er sich gegen die Umsatzsteuer, verzichtet er auf ein paar Tausender Umsatzsteuererstattung vom Finanzamt. Die hat er bereits als Teil des Kaufpreises der Solaranlage an den Händler gezahlt.

Kleinunternehmer treffen ihre Entscheidung pro oder contra Umsatzsteuer per formlosen Antrag, Umsatzsteuer-Voranmeldung oder Umsatzsteuererklärung. An diese Wahl ist ein Unternehmer fünf Jahre gebunden, erst danach kann er wieder umsatzsteuerfreier Kleinunternehmer sein. Unternehmer mit ausschließlich umsatzsteuerfreien Umsätzen, etwa Ärzte oder Bausparkassenvertreter, müssen sich um Umsatzsteuer in der Regel keine Gedanken machen.

Mit der →Gewerbesteuer haben Kleinunternehmer relativ wenig zu tun. →Freiberufler zahlen gar keine, alle anderen müssen mindestens einen Gewinn von 24 500 Euro pro Jahr erreichen und das ist für Kleinunternehmer ausgeschlossen. Eine Gewerbesteuererklärung kann dennoch sinnvoll sein, um →Verluste geltend zu machen. Hat das Finanzamt im Vorjahr Verluste festgestellt, ist eine Gewerbesteuererklärung sogar vorgeschrieben. Kleinunternehmer dürfen ihren Gewinn mit einer formlosen Einnahmenüberschussrechnung ermitteln. Dort werden Umsätze und →Betriebsausgaben einfach nur aufgelistet. Die umfangreiche und komplizierte Anlage EÜR können sie sich sparen. Einige freiberuflich tätige Kleinunternehmer dürfen Betriebskostenpauschalen nutzen. Das spart bürokratischen Aufwand und es kann sich lohnen, wenn die tatsächlichen Kosten unterhalb der Pauschalen liegen. Sie können nebenberuflich zum Beispiel bei lehrenden, künstlerischen, schriftstellerischen oder wissenschaftlichen Tätigkeiten 25 Prozent vom Umsatz, höchstens 614 Euro im Jahr, pauschal geltend machen. (Siehe auch →Betriebsausgaben, →Existenzgründer, →Freiberufler, →Gewerbesteuer, →Gewerbetreibende, →Härteausgleich, →Umsatzsteuer, →Verluste.)

> **Tipp**
> →Arbeitnehmer, →Beamte und →Pensionäre können aus einer unternehmerischen Nebentätigkeit 410 Euro Gewinn steuerfrei einnehmen. Bis 820 Euro wird ermäßigt besteuert.

Krankenversicherung

Beiträge zu gesetzlichen und privaten Krankenversicherungen gehören zu den „sonstigen Vorsorgeaufwendungen". Sie sind neben den Beiträgen zur →Altersvorsorge als →Sonderausgaben absetzbar.

→Arbeitnehmer, →Beamte, →Pensionäre, →Rentner und alle anderen, die Beitragszuschüsse oder Beihilfe erhalten, dürfen sie zunächst bis zu einer Obergrenze von 1900 Euro im Jahr absetzen. Beitragszuschüsse zahlen etwa der Arbeitgeber oder die Krankenversicherung der Rentner. Selbstständige, nicht gesetzlich familienversicherte Hausfrauen oder andere, die ihre Beiträge zur Krankenversicherung ohne Beitragszuschuss voll aus eigener Tasche zahlen müssen, haben eine Obergrenze von 2800 Euro. Für →Ehe-/Lebenspartner verdoppeln sich diese Beträge jeweils. Diese Obergrenzen sind aber nicht das Ende der Fahnenstange. Beiträge zu gesetzlichen und privaten Krankenversicherungen dürfen nämlich seit 2010 im Prinzip vollständig als Sonderausgaben abgesetzt werden.

Beispiel

Lothar Leo ist Arbeitnehmer, Single mit Kind und 40 000 Euro Jahresbruttolohn. Seine Zahlungen an die gesetzliche Kranken- und →Pflegeversicherung beliefen sich 2015 auf 3 750 Euro (40 000 mal 9,375 Prozent plus 0,9 Prozent Zusatzbeitrag). Damit liegt er über 1 900 Euro. Trotzdem darf er fast seinen gesamten Krankenversicherungsbeitrag absetzen.

Das Finanzamt macht nämlich von sich aus zunächst eine erste Günstigerprüfung. Es rechnet nach, ob die 1 900-Euro-Grenze für den Abzug der Krankenversicherungsbeiträge ausreicht. Bei den meisten Erwerbstätigen ist das nicht der Fall. Das hat die Folge, dass die Beiträge im Prinzip komplett als Sonderausgaben abgesetzt werden dürfen. Eine kleine Einschränkung gibt es aber: Der Gesetzgeber hat festgelegt, dass 4 Prozent des gesetzlichen Krankenversicherungsbeitrags pauschal der Versicherung von Krankengeld dienen und deshalb nicht absetzbar sind. Im Beispielfall wären das rund 131 Euro (3 280 mal 4 Prozent). Die anderen rund 3 150 Euro (3 280 minus 131) gehen dagegen voll als Sonderausgaben durch.

Werden die Obergrenzen wie in diesem Beispiel bereits durch Beiträge zur Kranken- und Pflegeversicherung überschritten, gibt es keine Möglichkeit mehr, weitere →Versicherungsbeiträge als Sonderausgaben geltend zu machen, zum Beispiel Beiträge zu Arbeitslosen-, Unfall- oder Haftpflichtversicherungen. Die sind zwar grundsätzlich auch abzugsfähig, wirken sich aber nicht aus, wenn Kranken- und Pflegeversicherungsbeiträge über den oben genannten Grenzen liegen. Steuerexperten bezweifeln, dass diese Einschränkung korrekt ist, und das Finanzamt lässt die →Steuerbescheide in diesem Punkt von sich aus offen (siehe Seite 17).

Das Finanzamt führt automatisch noch eine zweite Günstigerprüfung durch. Es prüft, ob die jetzige Regelung günstiger ist als die alte, die bis 2004 galt. Damals durften jährlich pro Person bis zu 5 069 Euro Beiträge zu allen begünstigten Versicherungen als Sonderausgaben abgesetzt werden. Dazu gehörten allerdings auch die Beiträge zur Altersvorsorge. Für Erwerbstätige, die durchschnittlich verdienen und Sozialversicherungsbeiträge zahlen, ist die neue Regelung jetzt und künftig fast immer von Vorteil. Für Ruheständler und für einige Selbstständige kann die Altregelung interessant sein (siehe Tabelle rechts oben).

Privatversicherte können ihre Krankenversicherungsbeiträge im Prinzip so geltend machen wie gesetzlich Versicherte. Absetzbar sind Beiträge zur sogenannten Basisabsicherung. Darunter fallen alle die Leistungen, die auch im Leistungskatalog der gesetzlichen Krankenversicherung stehen. Sonderleistungen wie Chefarztbehandlung oder Einzelzimmer im Krankenhaus gehören nicht dazu. Die private Krankenversicherung schlüsselt die Beiträge für Basis- und Sonderleistungen in der Regel von sich aus auf.

💡 Tipp

Wer Krankenversicherungsbeiträge für andere Personen übernimmt, kann sie manchmal zusätzlich zu den eigenen Beiträgen geltend machen. Zu dem Personenkreis gehören erwachsene →Kinder, andere →Angehörige oder frühere Ehe-/Lebenspartner.

Beitragserstattungen und andere Rückzahlungen verringern die als Sonderausgaben abzugsfähigen Beitragszahlungen. Versicherte mit einem hohen persönlichen →Steuersatz sollten genau rechnen, ob eine Beitragserstattung ihnen unter dem Strich tatsächlich mehr bringt als ein Abzug des gesamten Krankenversicherungsbeitrags ohne die Beitragserstattung. (Zur Krankenversicherung siehe auch →Pflegeversicherung, →Versicherungsbeiträge, →Vorsorgepauschale.)

Nach der Altregelung absetzbare Versicherungsbeiträge

Jahr	2010	2011	2012	2013	2014	2015	2016	2017	2018	2019	2020
bis*	5069	4701	4401	4101	3801	3501	3201	2901	2601	2301	0

* Euro pro Person, für Ehe-/Lebenspartner verdoppeln sich die Beträge

Krankheitskosten

Viele Ausgaben für Krankheit und Gesundheit sind als →außergewöhnliche Belastung steuerlich absetzbar. Das funktioniert aber nur, wenn bestimmte Voraussetzungen erfüllt sind. So müssen die Kosten der Heilung von Krankheiten dienen oder der Linderung ihrer Folgen. Wellness-Aktionen bleiben ungefördert. Außerdem müssen Arzt oder Heilpraktiker die erforderlichen Maßnahmen, Medikamente, Hilfsmittel oder Therapien verordnet haben.

Abzugsfähig sind beispielsweise Ausgaben für
- Medikamente,
- Leistungen von Ärzten, Heilpraktikern, Physiotherapeuten oder Fußpflegern,
- Fahrten zum Arzt oder zur Heilbehandlung, zur Selbsthilfegruppe oder ins Krankenhaus,
- Heil- und Hilfsmittel, zum Beispiel Brillen, Hörgeräte, Gehhilfen, Rollstühle oder Schuheinlagen,
- Zahnersatz, zum Beispiel Kronen, Implantate, Füllungen oder Brücken,
- Zuzahlungen, etwa für Medikamente in der Apotheke oder Tagespauschalen in Krankenhäusern.

Die Ausgaben für Krankheit und Gesundheit sind ein Feld, auf dem Bürger und Verwaltung relativ oft streiten, etwa darüber, welche Heilmethoden und Medikamente der Gesundung dienen und welche nicht. Das Finanzamt orientiert sich dabei an den Leitlinien der Schulmedizin. Bei alternativen Heilmethoden verlangen die Beamten oft fachliche Gutachten, die deren Wirksamkeit belegen sollen.

Nur die Aufwendungen, die Patienten unter dem Strich selbst bezahlt haben, sind als außergewöhnliche Belastung abzugsfähig. Kostenerstattungen, etwa durch Krankenkassen oder die Beihilfe, wirken sich nicht steuersenkend aus.

Das Finanzamt hilft bei Krankheitskosten nur, wenn auch der Bürger einen eigenen Anteil daran schultert. Der nennt sich →zumutbare Belastung und bewegt sich je nach →Einkünften und Familiensituation zwischen 1 und 7 Prozent der Einkünfte. Das Finanzamt erkennt nur die darüber liegenden Krankheitskosten als außergewöhnliche Belastung an.

An dieser Hürde scheitern viele. Manchmal lässt sie sich dadurch nehmen, dass Krankheitskosten in einem Jahr gezielt gebündelt werden. Wenn etwa in einem Jahr die Kur für die Ehefrau ansteht, sollte eine lange geplante Zahnbehandlung des Ehemanns möglichst im selben Jahr stattfinden oder eine teure Medikamentenlieferung oder eine andere medizinische Maßnahme noch vor Silvester bezahlt werden. Krankheit lässt sich nicht planen, aber Krankheitskosten lassen sich manchmal etwas steuern. Geben Sie immer alle Kosten, die sie selber getragen haben, komplett an. Das Finanzamt berücksichtigt die zumutbare Belastung mit einer eigenen Rechnung. (Siehe auch →Außergewöhnliche Belastung, →Behinderte, →Pflegekosten.)

💡 Tipp
Ob die zumutbare Belastung überhaupt auf Krankheits- und Pflegekosten angewendet werden darf, ist umstritten. →Steuerbescheide lässt das Finanzamt in diesem Punkt von sich aus offen.

L

Ländergruppen
Die Finanzverwaltung teilt die ganze Welt in unterschiedliche Gruppen von Ländern ein. Sie legt auf diesem Weg fest, in welcher Höhe

es für Menschen, die nicht in Deutschland leben, bestimmte deutsche Steuerförderungen geben kann. Dazu gehören zum Beispiel
- der →Kinderfreibetrag,
- der Bedarfsfreibetrag,
- der →Ausbildungsfreibetrag,
- →Kinderbetreuungskosten,
- →Unterhalt als →außergewöhnliche Belastung.

Die Höhe der Förderung nach der Ländergruppeneinteilung reicht von der vollen Höhe der deutschen Förderung über drei Viertel und die Hälfte bis zu einem Viertel. Lebt etwa ein Kind mit der Mutter in den USA oder in Frankreich, steht dem in Deutschland lebenden Vater nach der Ländergruppeneinteilung der volle Kinderfreibetrag zu. Ein Wohnsitz in Malta oder Slowenien bedeutet drei Viertel der deutschen Kinderförderung. Leben Mutter und Kind in der Türkei, gilt der halbe Kinderfreibetrag. In Ägypten oder Ghana gibt es nur ein Viertel der deutschen Förderung. Die Liste wird oft auch als „Minderungstabelle" bezeichnet.

Tipp
Das Bundesfinanzministerium aktualisiert die Ländergruppeneinteilung in unregelmäßigen Abständen. Sie ist abrufbar unter www.bundesfinanzministerium.de (dort den Suchbegriff Ländergruppeneinteilung eingeben).

Lohnersatzleistungen
Lohnersatzleistung sind Zahlungen an →Arbeitnehmer, die vorübergehend nichts oder weniger verdienen, weil sie zum Beispiel krank oder arbeitslos sind, der Betrieb pleiteging, das Wetter nicht mitspielt oder weil sie ein Baby betreuen. Zahler sind in der Regel Arbeitgeber, die Arbeitsagentur, Krankenkassen oder andere Träger von Sozialleistungen. Lohnersatzleistung erhalten nur Arbeitnehmer. Für Selbstständige kann es „Einkommensersatzleistungen" geben. Beides passt unter den Oberbegriff „Entgeltersatzleistungen".

Alle Lohnersatzleistungen sind in Paragraph 32b des Einkommensteuergesetzes aufgeführt. Dazu gehören zum Beispiel

- Altersübergangsgeld,
- Arbeitslosengeld (ALG I),
- Elterngeld,
- Insolvenzgeld,
- Krankengeld von Menschen, die in der gesetzlichen Versicherung freiwillig oder pflichtversichert sind,
- Kurzarbeitergeld,
- Mutterschaftsgeld,
- Verletztengeld,
- Winterausfallgeld.

Lohnersatzleistungen sind zwar steuerfrei, können sich steuerlich aber trotzdem auswirken. Auch deshalb müssen Arbeitnehmer, die zusätzlich zum Arbeitslohn Lohnersatzleistungen von über 410 Euro im Jahr erhalten haben, eine →Steuererklärung abgeben. Die 410-Euro-Grenze gilt einheitlich für Alleinstehende sowie für →Ehe-/Lebenspartner, verdoppelt sich für Paare also nicht.

Lohnersatzleistungen führen trotz Steuerfreiheit regelmäßig zu höheren Steuern. Das läuft unter dem Namen „Progressionsvorbehalt" und funktioniert so: Zum zu versteuernden Einkommen wird die Lohnersatzleistung hinzugezählt. Das Finanzamt ermittelt den →Steuersatz auf diese Summe. Der nennt sich „besonderer Steuersatz". Anschließend ziehen die Beamten die Lohnersatzleistung vom zu versteuernden Einkommen wieder ab und wenden den besonderen Steuersatz auf das verbleibende zu versteuernde Einkommen an.

Beispiel
Manuela Mohn ist Arbeitnehmerin, alleinstehend und kinderlos. Nach allen Abzügen kam sie auf ein zu versteuerndes Einkommen von 22 000 Euro. Zusätzlich erhielt sie 3 000 Euro Kurzarbeitergeld von der Bundesagentur für Arbeit. Der Progressionsvorbehalt führt zu rund 374 Euro mehr Einkommensteuer (siehe Rechnung Seite 95). Mit der Wahl der →Lohnsteuerklasse können Ehe-/Lebenspartner die Höhe von Lohnersatzleistungen beeinflussen. Die Klasse III führt zur höchstmöglichen Lohnersatzleistung, die Klasse V zur geringsten. Wenn einer der Partner Lohnersatz-

leistung erwartet, sollte er möglichst nicht in Klasse V bleiben, sondern zügig in Klasse III oder IV wechseln.

Verdient beispielsweise eine verheiratete werdende Mutter 2 500 Euro brutto in der Steuerklasse V, zahlt ihr „Vater Staat" monatlich rund 819 Euro Elterngeld. Wechselt sie rechtzeitig in die Steuerklasse III, bekommt sie 337 Euro mehr, nämlich 1 156 Euro. Rechtzeitig heißt hier acht Monate vor dem errechneten Geburtstermin. Bei einem späteren Wechsel berechnet die Familienkasse das Elterngeld auf Grundlage der alten Steuerklasse.

Eine einmal bezogene höhere Lohnersatzleistung bleibt dem Paar in jedem Fall netto erhalten. Die zunächst höhere Steuerbelastung lässt sich später per Steuererklärung zurückholen. Beide Partner sollten aber auch eine andere Folge bedenken: Wechselt der mehr verdienende Partner in eine ungünstigere Steuerklasse, erhöht sich seine Lohnsteuer sofort und das kann zu plötzlicher Ebbe in der Haushaltskasse führen. Die Steuerrückerstattung vom Finanzamt kommt in der Regel erst, nachdem der Steuerbescheid bestandskräftig geworden

Beispielrechnung

Das Kurzarbeitergeld erhöht die steuerliche Belastung

zu versteuerndes Einkommen (ohne Kurzarbeitergeld)	22 000
Einkommensteuer auf 22 000 (Durchschnittssteuersatz: 14,3636 Prozent)	3 160
zu versteuerndes Einkommen mit Kurzarbeitergeld (22 000 plus 3 000)	25 000
Einkommensteuer auf 25 000 (Durchschnittssteuersatz: 16,0640 Prozent)	4 016
Einkommensteuer auf 22 000 Euro nach dem „besonderen Steuersatz" von 16,0640 Prozent	3 534
Mehrbelastung (3 534 minus 3 160, alle Angaben in Euro)	**374**

ist. Das kann dauern und Zusatzprobleme bringen, besonders wenn der Dispokredit ohnehin am Anschlag steht. Betroffene können die Auswirkungen vorher durchrechnen, zum Beispiel unter www.bmf-steuerrechner.de.

Steuerklassenwechsler müssen immer mit behördlichem Argwohn rechnen. Beim Elterngeld hat sich das inzwischen erledigt, seitdem das Bundessozialgericht den Wechsel aus der Klasse V in die Klasse III oder IV als legale Gestaltungsmöglichkeit bewertet hat, auch wenn der Wechsel „nur" das Ziel hatte, mehr Elterngeld zu bekommen.

Die Arbeitsverwaltung stellt sich aber weiter quer. Erfolgt der Wechsel eines Partners in eine günstigere Steuerklasse erst im Jahr der Arbeitslosigkeit, prüft das Amt, ob der Wechsel „zweckmäßig" war. Zweckmäßig ist im Amtsverständnis ein Verhältnis der Arbeitslöhne der Partner, wie es die Finanzverwaltung in Tabellen ausgerechnet hat. Die werden jährlich aktualisiert und sind unter www.test.de/Steuerratgeber-Extra zu finden.

Verdient beispielsweise ein Ehepartner 3 000 Euro und der andere 1 500 Euro und haben sie bisher die Kombination III/V, lehnt die Arbeitsagentur einen Wechsel in Kombinationen IV/IV und V/III als „unzweckmäßig" ab. Sie berechnet das Arbeitslosengeld so, als hätte es keinen Wechsel gegeben. (Siehe auch →Arbeitnehmer, →Arbeitslose, →Ehe-/Lebenspartner, →Lohnsteuerklasse, →Steuersatz.)

💡 Tipp
Wenn Paare die Steuerklassenkombination wechseln wollen, weil ein Partner absehbar Arbeitslosengeld beziehen wird, sollten sie das möglichst bis Silvester des Vorjahres tun.

Lohnsteuerermäßigung

Die Lohnsteuerermäßigung ist ein Verfahren, mit dem →Arbeitnehmer ihre laufende Lohnsteuerbelastung verringern können. Abhilfe schafft ein →Freibetrag. Den erhalten Arbeitnehmer relativ einfach. Sie teilen dem Finanzamt per Antragsformular mit, dass ihnen im

Jahresverlauf voraussichtlich bestimmte steuerlich abzugsfähige Aufwendungen entstehen werden. Nach Prüfung rechnet das Amt die Aufwendungen in einen Freibetrag um und den teilt es dem Arbeitgeber mit. Der Arbeitgeber behält dann entsprechend weniger Lohnsteuer ein und zahlt mehr Nettolohn aus. Was alles freibetragsfähig ist, regelt Paragraph 39a des Einkommensteuergesetzes. Die wichtigsten Positionen:

- →Werbungskosten oberhalb des →Arbeitnehmerpauschbetrags von 1000 Euro im Jahr, dazu gehören zum Beispiel die Entfernungspauschale für den →Arbeitsweg, Ausgaben für →Arbeitsmittel und →Reisekosten.
- →Sonderausgaben oberhalb der Pauschale von 36 Euro, zum Beispiel →Spenden, →Kirchensteuer, →Unterhaltszahlungen an den früheren →Ehe-/Lebenspartner, →Kinderbetreuungskosten, →Schulgeld und bestimmte →Ausbildungskosten. Sozialversicherungsbeiträge berücksichtigt das Amt im Lohnsteuerermäßigungsverfahren nicht, weil die im Rahmen der →Vorsorgepauschale bereits den laufenden Lohnsteuerabzug verringern.
- →Außergewöhnliche Belastungen, zum Beispiel →Krankheitskosten, der Behinderten-, Pflege- oder Unterhaltspauschbetrag.
- →Haushaltsnahe Dienstleistungen und →Handwerkerleistungen rund um den Haushalt. Freibeträge fallen hier besonders üppig aus, weil es um unmittelbare Steuererstattungen geht. Der Freibetrag beläuft sich deshalb auf das Vierfache der voraussichtlichen Steuererstattung. Für haushaltsnahe Dienstleistungen beträgt die höchstmögliche Steuererstattung 4000 Euro, der Freibetrag also bis 16000 Euro (4000 mal 4). Handwerkerleistungen bringen bis zu 4800 Euro Freibetrag (1200 mal 4). Die Anstellung einer Haushaltshilfe im →Minijob kann bis zu 2040 Euro steuerfrei stellen (510 mal 4).

Wer zum ersten Mal einen Freibetrag beantragt oder den alten erhöhen will, muss den sechsseitigen „Antrag auf Lohnsteuerermäßigung" ausfüllen. Soll derselbe Freibetrag des Vorjahres erneut berücksichtigt werden, oder ein geringerer, reicht der „Vereinfachte Antrag auf Lohnsteuerermäßigung" mit seinen zwei Seiten aus. Bis zum 30. November kann der Antrag für das laufende Jahr beim Finanzamt gestellt werden. Er wirkt sich in der Regel ab dem ersten Tag des Folgemonats aus.

Tipp

Seit dem 1. Oktober 2015 können Arbeitnehmer Freibeträge mit zweijähriger Gültigkeitsdauer beantragen. Sie gelten frühestens ab 1. Januar 2016 (siehe auch Seite 19)

Das Finanzamt genehmigt den Antrag, wenn im Jahr insgesamt mehr als 600 Euro Aufwendungen zusammenkommen. Um diese „allgemeine Antragsgrenze" zu überwinden, brauchen Arbeitnehmer zunächst Werbungskosten oberhalb des Arbeitnehmerpauschbetrags von 1 000 Euro, denn der wird beim laufenden Lohnsteuerabzug bereits berücksichtigt. Sie brauchen zusätzlich mehr als 600 Euro, um die Hürde der allgemeinen Antragsgrenze zu nehmen. Beispielsweise muss ein Arbeitnehmer, der ausschließlich die Entfernungspauschale für den Arbeitsweg geltend machen kann, bei 230 Arbeitstagen im Jahr mindestens 24 Kilometer entfernt vom Betrieb wohnen. Er kommt so auf 1 656 Euro (230 Tage mal 24 km mal 0,30 Euro).

Ausnahmen bestätigen aber auch diese Regel. Es gibt nämlich Ausgaben, die auch unterhalb der Antragsgrenze von 600 Euro zu einem Freibetrag führen können, etwa
- Ausgaben für haushaltsnahe Dienstleistungen,
- der Behindertenpauschbetrag,
- Ausgaben für Handwerkerleistungen,
- →Verluste.

Arbeitnehmer mit Lohnsteuerermäßigung müssen grundsätzlich eine →Steuererklärung abgeben. Damit prüft das Amt, ob die genehmigten Freibeträge den tatsächlichen Verhältnissen entsprochen haben. Es gibt aber auch hier Ausnahmen: Bei Jahresbruttolöhnen bis 10 800/20 500 Euro (Alleinstehende/Ehe- und Lebenspartner) entfällt die Abgabepflicht. Gleiches gilt, wenn nur ein Behinderten- oder ein Hinterbliebenenpauschbetrag als Freibetrag berücksichtigt wurde.

Tipp
Weil Freibeträge den Nettolohn erhöhen, können sie manchmal auch zu mehr →Lohnersatzleistungen führen, denn die werden auf dieser Grundlage berechnet.

Lohnsteuer-Jahresausgleich

Die meisten →Arbeitnehmer zahlen im Jahresverlauf mehr Steuern als sie dem Finanzamt schulden. Warum das so ist, steht unter dem Stichwort „Arbeitnehmer". Der Lohnsteuer-Jahresausgleich durch den Arbeitgeber ist eine Möglichkeit, Arbeitnehmern einen Teil zu viel gezahlter Lohnsteuer ohne →Steuererklärung und lange Warterei relativ unbürokratisch zu erstatten.

Beschäftigt der Arbeitgeber zu Silvester mindestens zehn Arbeitnehmer, ist er zum Lohsteuer-Jahresausgleich verpflichtet. Beschäftigt er weniger, kann er es freiwillig tun. Zu den Beschäftigten gehören bei dieser Zählung auch Menschen mit Teilzeit- oder →Minijobs.

Um den Lohnsteuer-Jahresausgleich nutzen zu können, müssen Arbeitnehmer im Prinzip im gesamten Ausgleichsjahr bei dem Arbeitgeber beschäftigt gewesen sein, der den Ausgleich durchführt. Lang ist die Liste der Faktoren, die die Nutzung des Lohnsteuer-Jahresausgleichs verbietet und damit den Kreis der Berechtigten einengt. Der Arbeitnehmer hatte im Ausgleichsjahr:
- ganz oder zeitweise die →Lohnsteuerklasse V oder VI, oder er hatte die Steuerklassen II, III oder IV nur während eines Teils des Jahres oder er hatte das sogenannte Faktorverfahren genutzt,
- bestimmte →Lohnersatzleistungen erhalten, zum Beispiel Kurzbeitergeld oder Schlechtwettergeld,

- nur zeitweise →Versicherungsbeiträge zur Renten-, Kranken-, Pflegeversicherung zu zahlen,
- einen →Freibetrag im Rahmen der →Lohnsteuerermäßigung genutzt.

Der Lohnsteuer-Jahresausgleich berücksichtigt nur bestimmte Pauschalen, die beim laufenden Lohnsteuerabzug eine Rolle spielen. Die steuerliche Gesamtsituation des →Arbeitnehmers erfasst er in der Regel nicht. So spielen etwa →Werbungskosten oberhalb des →Arbeitnehmerpauschbetrags und →außergewöhnliche Belastungen, etwa →Krankheitskosten oder die Zahlung von →Unterhalt, keine Rolle. Auch viele →Sonderausgaben bleiben unberücksichtigt, beispielsweise →Spenden oder →Kinderbetreuungskosten.

Tipp
Arbeitnehmer sollten auch nach einem Lohnsteuer-Jahresausgleich immer prüfen, ob sich eine Steuererklärung für sie lohnt.

Lohnsteuerklassen

Die sechs Lohnsteuerklassen sind Einordnungshilfen, mit denen die Finanzverwaltung den laufenden Lohnsteuerabzug über den Arbeitgeber regelt. Je nach familiärer und beruflicher Situation von →Arbeitnehmern enthalten die Lohnsteuerklassen verschiedene →Freibeträge und Pauschalen, zum Beispiel den Grundfreibetrag oder den →Arbeitnehmerpauschbetrag. Dadurch belasten sie Arbeitnehmer unterschiedlich (siehe Tabelle Seite 103 und das Beispiel mit Nina Nelke auf Seite 101).

- Steuerklasse I erhalten alleinstehende Arbeitnehmer ohne →Kinder. Sie gilt auch für geschiedene oder vom →Ehe-/Lebenspartner dauernd getrennt lebende Arbeitnehmer sowie für Verwitwete, deren Ehe-/Lebenspartner im vorletzten Jahr verstorben ist.
- Steuerklasse II erhalten →Alleinerziehende mit mindestens einem Kind, denen der Entlastungsbetrag zusteht.
- Steuerklasse III können verheiratete/verpartnerte zusammenle-

bende Arbeitnehmer wählen, wenn der andere Partner keinen Arbeitslohn bezieht, etwa weil er Selbstständiger oder →Rentner ist, oder wenn der andere Partner nach der Steuerklasse V besteuert wird. Verwitwete Arbeitnehmer können nach Steuerklasse III besteuert werden, wenn der Partner im laufenden Jahr oder im Vorjahr verstorben ist.
- Steuerklasse IV erhalten verheiratete/verpartnerte zusammen lebende Arbeitnehmer, wenn beide Arbeitslohn beziehen und sich nicht für die Kombination III/V entschieden haben.
- Steuerklasse V gilt für einen Ehe-/Lebenspartner, wenn der andere Partner in Steuerklasse III ist.
- Steuerklasse VI nutzen Arbeitnehmer mit mehreren Arbeitsverhältnissen für das zweite und jedes weitere Dienstverhältnis.

Beispiel

Nina Nelke ist Angestellte, Single und kinderlos, Monatsbruttolohn 3 000 Euro. Nach Lohnsteuerklasse I zieht der Arbeitgeber monatlich rund 477 Euro Lohnsteuer und →Solidaritätszuschlag ab. Mit Kind und Steuerkasse II wären es 435 Euro. Wäre Nina verheiratet, müsste sie als Ehefrau in Klasse III nur 226 Euro löhnen. In Klasse IV würde sie genauso viel zahlen wie in Klasse I, in Klasse V dagegen stolze 811 Euro. In Klasse VI gäbe es (ledig oder verheiratet) mit 850 Euro die höchste Belastung. →Kirchensteuer und Sozialversicherungsbeiträge sind dabei noch gar nicht berücksichtigt.

Ehe-/Lebenspartner dürfen zwischen mehreren Steuerklassenkombinationen wählen. Die Wahl entscheidet mit darüber, wie viel Lohnsteuer im Jahresverlauf an das Finanzamt geht. Die Kombination IV/IV ist in der Regel die richtige Wahl, wenn beide Partner etwa gleich viel verdienen. Liegen die Löhne weit auseinander, sorgt die Kombination III/V für den geringsten laufenden Steuerabzug. Der Partner mit dem höheren Lohn nimmt Klasse III, wenn er mindestens 60 Prozent des „Gesamtlohns" beider Partner hat, lautet eine Daumenregel. Bei Nutzung der Kombination III/V wird grundsätzlich eine →Steuererklärung fällig, bei Kombination IV/IV nicht. Ein Wechsel der Kombination kann vor Beginn des Steuerjahres und einmal im Laufe des Jahres beim Finanzamt beantragt werden, spätestens bis zum 30. November. Bei Ausscheiden eines Partners aus dem Arbeitsverhältnis oder mit seinem Tod ist auch ein zweiter Steuerklassenwechsel zulässig (in die Klasse III).

Freibeträge nach Lohnsteuerklassen

Weniger laufende Lohnsteuer durch eingearbeitete Freibeträge.

Freibeträge/Pauschalen 2015	enthalten in Steuerklasse	Höhe des Betrages	
		monatlich Euro	jährlich Euro
Arbeitnehmerpauschbetrag	I bis V	83,33	1 000
Sonderausgabenpauschbetrag	I bis V	3	36
Vorsorgepauschale	I bis VI	60 Prozent des Arbeitnehmeranteils zur gesetzlichen Rentenversicherung plus Beiträge zur Basiskranken- und Pflegeversicherung*	
Entlastungsbetrag für Alleinziehende	II	159	1 908
Grundfreibetrag einfach	I, II, IV	706	8 472
Grundfreibetrag doppelt	III	1 412	16 944

* In tatsächlicher Höhe oder pauschal mit 12 Prozent des Arbeitslohns, höchstens 3 000 Euro in Steuerklasse III, höchstens 1 900 Euro in den anderen Steuerklassen

Tipp

Unter www.test.de/Steuerratgeber-Extra steht eine erläuternde Tabelle zur Lohnsteuerklassenwahl. Dort lässt sich ablesen, bei welchem Einkommensverhältnis Ehe-/Lebenspartner mit der Kombination III/V am besten fahren, und wann die Kombination IV/IV günstiger ist.

Seit 2010 gibt es unter dem Begriff „Faktorverfahren" die dritte Kombinationsmöglichkeit „IV/Faktor". Sie verringert die hohe Steuerbelastung in der Klasse V bereits im Jahresverlauf etwas zulasten der Klasse III. Das Finanzamt ermittelt einen Faktor aus den jeweiligen Arbeitslöhnen der Partner. Der wird dem Arbeitgeber mitgeteilt. Auf der Seite www.bmf-steuerrechner.de können Sie berechnen, wie sich der Faktor bei Ihrer Lohnsteuerklassenwahl auswirkt. Dort klicken Sie an: „Berechnung der Lohnsteuer", danach „Faktorverfahren" 2015 oder 2016.

Wählen Ehe-/Lebenspartner die Steuerklasse IV/Faktor, müssen sie mit einem gemeinsamen Antrag beim Finanzamt auch die voraussichtlichen Jahresarbeitslöhne aus ihrem Hauptarbeitsverhältnis angeben. Wer das Faktorverfahren nutzt, muss in der Regel eine Steuererklärung abgeben.

Tipp

Mit der Wahl der Lohnsteuerklasse können Ehe-/Lebenspartner auch die Höhe von →Lohnersatzleistungen beeinflussen.

Lohnzuschläge

Der Arbeitgeber kann für Sonntags-, Feiertags- und Nachtarbeit steuerfreie Zuschläge zahlen. Die Steuerfreiheit ist aber an bestimmte Voraussetzungen gebunden.

Steuerfrei kann der Zuschlag zur Nachtarbeit nur in der Zeit zwischen 20 Uhr abends bis 6 Uhr morgens sein. Sonn- und Feiertagsarbeit muss in der Zeit von 0 Uhr bis 24 Uhr des jeweiligen Tages stattfinden (zum Beispiel von 0 Uhr in der Nacht von Samstag auf Sonntag bis 24 Uhr in der Nacht von Sonntag auf Montag). Hat der →Arbeitnehmer die Arbeit noch am Sonn- oder Feiertag aufgenommen, gilt auch die Tätigkeit in der Zeit von 0 Uhr bis 4 Uhr des auf den Sonn- oder Feiertag folgenden Tages noch als Sonn- und Feiertagsarbeit. Dafür kann es sogar beide Zuschläge geben, sowohl den Sonn- oder Feiertagszuschlag als auch den Nachtzuschlag.

Der Arbeitgeber darf die Zuschläge nur steuerfrei auszahlen, wenn sie bestimmte Prozentsätze des Grundlohns nicht übersteigen.

- Für Nachtarbeit bleiben in der Zeit von 20 bis 6 Uhr Zuschläge grundsätzlich nur bis 25 Prozent des Grundlohns steuerfrei. Wird die Arbeit aber vor 0 Uhr aufgenommen, sind es 40 Prozent. Der höhere Prozentsatz gilt aber nur für Arbeit in der Zeit zwischen 0 Uhr und 4 Uhr.
- Für Sonntagsarbeit sind Zuschläge bis 50 Prozent des Grundlohns steuerfrei.
- Für Arbeit an gesetzlichen Feiertagen und am Silvestertag ab 14 Uhr können bis zu 125 Prozent des Grundlohns steuerfreie Zuschläge gezahlt werden, am Heiligabend ab 14 Uhr und an den Weihnachtsfeiertagen sowie am 1. Mai sind es 150 Prozent.

Die Sonntags-, Feiertags- und Nachtzuschläge sind nur bis zu einem Stundenlohn von 50 Euro steuerfrei. Damit soll verhindert werden, dass zum Beispiel hoch bezahlte Fernsehstars einen großen Teil ihres Lohnes steuerfrei erhalten. So kann zum Beispiel ein Zuschlag für eine Stunde Nachtarbeit grundsätzlich nur bis zur Höhe von 12,50 Euro steuerfrei ausgezahlt werden (50 Euro mal 25 Prozent).

Tipp
Bei Stundenlöhnen über 50 Euro können ebenfalls steuerfreie Zuschläge gezahlt werden, aber nur für die „ersten" 50 Euro.

Sozialabgaben werden allerdings bereits ab einem Stundenlohn von 25 Euro fällig. So kann der Arbeitgeber bei einem Stundenlohn von 30 Euro brutto einen steuerfreien Nachtzuschlag von 7,50 Euro zahlen. Davon sind aber nur 6,25 Euro versicherungsfrei (25 Prozent von 25 Euro), 1,25 Euro nicht.

M

Midijob

Midijobs sind besondere Beschäftigungsverhältnisse. Sie bilden eine Art „Brücke" zwischen →Minijobs und voll „versicherungspflichtigen Beschäftigungsverhältnissen". Es geht um Monatslöhne innerhalb der sogenannten Gleitzone von 450,01 bis 850 Euro. Der Arbeitslohn ist ohne Einschränkung steuerpflichtig. Wegen der geringen Lohnhöhe wird allerdings nur selten Lohnsteuer fällig. Der Arbeitgeber zahlt seinen Beitragsteil zur Renten-, Kranken-, Pflege- und Arbeitslosenversicherung ohne Abstriche ein. Die Besonderheit liegt im Bereich der Sozialversicherungsbeiträge des →Arbeitnehmers. Der zahlt einen etwas ermäßigten Beitrag zur Renten-, Kranken-, Pflege- und Arbeitslosenversicherung. Der Beitrag wird nach einer ziemlich komplizierten Formel errechnet. Er steigt an, je mehr sich der Lohn der 850-Euro-Grenze annähert. Dort endet die Beitragsermäßigung ganz (siehe Tabelle auf Seite 156). Der Arbeitnehmer ist trotz der geringeren Beiträge in allen Bereichen der Sozialversicherung voll versichert.

Beispiel

Bei einem Monatsverdienst von 500 Euro zahlt der Arbeitgeber rund 97 Euro Sozialversicherungsbeiträge. Ohne Gleitzone müsste der Arbeitnehmer ca. 101 Euro zahlen, im Midijob sind es ca. 65 Euro.

Ungünstig läuft es für Arbeitnehmer mit Midijob in der →Lohnsteuerklasse V. Hier kommt Lohnsteuer hinzu, die in anderen Steuerklassen bei dieser Lohnhöhe keine Rolle spielt. (Siehe dazu auch →Minijob.)

Tipp

Bis zu einer Lohnhöhe von rund 600 Euro im Monat fahren Arbeitnehmer mit Steuerklasse V in der Regel per 450-Euro-Minijob finanziell besser als mit einem Midijob (siehe auch Seite 156).

Minijob

Ein Minijob wird auch als „geringfügig entlohnte Beschäftigung" bezeichnet. Für →Arbeitnehmer kann ein Minijob bis zu einem Monatslohn von 450 Euro frei von Steuer und Abgaben bleiben. Beides zahlt der Arbeitgeber in Höhe von rund 31 Prozent. Im Einzelnen sind das:
- 2 Prozent Lohnsteuer,
- 15 Prozent Rentenversicherung,
- 13 Prozent →Krankenversicherung,
- mindestens 0,99 Prozent weitere Beiträge und Umlagen.

Bei Minijobs in Privathaushalten ist die Abgabenbelastung etwas geringer. Insgesamt fallen nur rund 14 Prozent Steuern und Abgaben an, weil der Arbeitgeber für die Rentenversicherung und für die Krankenversicherung jeweils nur 5 Prozent zahlen muss.

Hat ein Minijob nach 2012 begonnen, ist er grundsätzlich rentenversicherungspflichtig. Der Arbeitnehmer kann sich aber schriftlich beim Arbeitgeber von der Versicherungspflicht befreien lassen. Das kann zweckmäßig sein, wenn er anderweitig versichert ist, etwa über einen Hauptjob.

Minijobs, die zu Silvester 2012 bereits bestanden haben, wurden nicht rentenversicherungspflichtig. Ausnahme: Wurde der Lohn nach 2012 über die alte Lohngrenze von 400 Euro erhöht, gilt Rentenversicherungspflicht mit der oben genannten Befreiungsmöglichkeit.

Lässt sich ein Arbeitnehmer nicht von der Rentenversicherungspflicht befreien, muss er 2015 den Arbeitgeberbeitrag von 15 Prozent um 3,7 Prozent Eigenanteil auf insgesamt 18,7 Prozent aufstocken. Das sind bis zu 16,65 Euro Monat. Dadurch erreicht der Arbeitnehmer etwas höhere Rentenansprüche und einen besseren Versicherungsschutz, etwa bei Erwerbsminderung. Für Minijobber in Privathaushalten wird das teurer. Weil ihr Arbeitgeber nur 5 Prozent in die Rentenkasse einzahlt, müssen sie 13,7 Prozent beisteuern, um auf den erforderlichen Gesamtbetrag von 18,7 Prozent zu kommen. Das sind bis zu 61,65 Euro pro Monat. Manche Arbeitnehmer sind ausschließlich in einem oder in mehreren Minijobs beschäftigt. Egal wie viele es sind, zusammengerechnet darf der Arbeitsverdienst aus allen Minijobs 450 Euro im Monat nicht überschreiten, sonst ist die Abgabenfreiheit in der Regel dahin.

💡 Tipp

Zusätzliche steuerfreie →Arbeitgeberleistungen, etwa →Kinderbetreuungskosten, Benzingutscheine oder die Erstattung von →Werbungskosten, zum Beispiel für den →Arbeitsweg, bleiben bei der Berechnung der 450-Euro-Grenze unberücksichtigt und gefährden die Steuer- und Abgabenfreiheit nicht.

Sozialversicherungspflichtig angestellte Arbeitnehmer dürfen neben ihrem Hauptjob in nur einem für sie abgabenfreien Minijob arbeiten. Verdient sich beispielsweise eine angestellte Altenpflegerin mit zwei Mini-Putzjobs für 450 und für 200 Euro etwas hinzu, bleibt der erste Putzjob für sie steuer- und abgabenfrei, der zweite wird wie normaler Arbeitslohn behandelt. (Siehe auch →Ferienjob, →Midijob.)

P

Parteispenden

Mitgliedsbeiträge und →Spenden an politische Parteien und unabhängige Wählervereinigungen können die Steuerbelastung verringern. Sie werden besonders begünstigt, weil sie erstens zusätzlich zu anderen Spenden geltend gemacht werden dürfen und weil sie teilweise als Steuererstattung unmittelbar die Steuerschuld senken. Parteispenden bis zu 1650 Euro drücken zur Hälfte direkt die Steuerschuld. Höhere Zuwendungen können zusätzlich als →Sonderausgaben abgesetzt werden, und zwar auch bis zu 1650 Euro. Unter dem Strich sind also 3300 Euro auf unterschiedliche Weise begünstigt. Bei →Ehe-/Lebenspartnern verdoppeln sich diese Beträge auf 3300 und 6600 Euro. (Siehe →Spenden.)

Beispiel

Olaf Otter ist Single und spendet einer Partei 2000 Euro. Damit kann er zunächst 825 Euro Steuern sparen, weil die Hälfte von 1650 Euro als Steuererstattung zu ihm zurückkommt (1 650 durch 2). Die restlichen 350 gespendeten Euro sind steuerlich auch nicht verloren (2 000 minus 1 650). Sie werden als Sonderausgaben berücksichtigt.

Tipp
Wurde die Spende vom Spendenempfänger elektronisch an die Finanzverwaltung gemeldet, ist die Vorlage einer Spendenbescheinigung nicht erforderlich.

Pensionäre

Pensionäre sind Menschen, die ein Ruhegehalt von ihrem früheren Arbeitgeber erhalten. Die Empfänger sind zum einen rund 1,5 Millionen ehemalige Beamte, Richter, Soldaten und andere Staatsdiener sowie deren Witwen, Witwer und Waisen. Die lassen sich vereinfacht als „Staatspensionäre" zusammenfassen. Eine zweite Gruppe sind die „Werkspensionäre". Sie bekommen ihr Ruhegehalt von einem Arbeitgeber aus der privaten Wirtschaft. Pensionen von beiden Pensionärsgruppen gelten als „nachträgliche →Einkünfte aus nichtselbstständiger Arbeit". Sie werden vom Finanzamt im Prinzip wie Arbeitslohn von →Arbeitnehmern behandelt. Ein paar Unterschiede gibt es aber.

Pensionäre erhalten einen Versorgungsfreibetrag. Um ihn zu nutzen, müssen Werkspensionäre in der Regel 63 Jahre oder älter sein, Schwerbehinderte mindestens 60. Für Staatspensionäre gibt es keine Altersbeschränkung. Der Versorgungsfreibetrag beläuft sich auf maximal 40 Prozent der Jahrespension, höchstens auf 3 000 Euro. So viel bekommen aber nur diejenigen, die 2005 oder früher Pensionär wurden. Sie behalten diesen →Freibetrag, solange sie die Pension beziehen, in der Regel also lebenslang.

Für jeden neuen Pensionärsjahrgang sinkt der Freibetrag. Wer 2015 erstmals eine Pension bezogen hat, bekommt einen Versorgungsfreibetrag von 24 Prozent, maximal 1 800 Euro, der Pensionärsjahrgang 2040 geht ganz leer aus (siehe Tabelle Seite 157).

Zusätzlich zum Versorgungsfreibetrag erhalten Pensionäre einen

„Zuschlag zum Versorgungsfreibetrag" von maximal 900 Euro. Anders als der Versorgungsfreibetrag ist der Zuschlag kein Prozentsatz, sondern ein Euro-Betrag, der sich nach dem Jahr des Pensionsbeginns richtet. Für alle, die 2005 oder früher Pensionär wurden, beträgt der Zuschlag 900 Euro. Wer 2015 erstmals eine Pension bezog, erhält 540 Euro, und wer 2040 Pensionär werden wird, bekommt keinen Zuschlag mehr (siehe Tabelle Seite 157). Den Versorgungsfreibetrag und seinen Zuschlag kürzt das Finanzamt auf die Monate, in den eine Pension gezahlt wurde.

Neben dem Versorgungsfreibetrag und dem Zuschlag steht Pensionären eine Werbungskostenpauschale von 102 Euro zu. Höhere →Werbungskosten müssen sie einzeln nachweisen.

Beispiel
Peter Pfau war Beamter. Seit dem 1. Juli 2015 ist er Pensionär mit einem Ruhegehalt von 2 200 Euro im Monat. Damit erhält er 2015 neben seinen Beamtenbezügen eine Pension von 13 200 Euro (2 200 mal 6 Monate). Bei Pensionsbeginn 2015 gibt es einen Versorgungsfreibetrag von 24 Prozent, höchstens 1 800 Euro, und einen Zuschlag von 540 Euro (siehe Tabelle Seite 157). Unter dem Strich bleiben von der Pension 1 272 Euro steuerfrei.

Beispielrechnung

So kann der Pensionär Peter Pfau seine Steuerlast senken:

Versorgungsfreibetrag (24 % von 13 200, maximal 1 800 Euro, davon die Hälfte, weil nur für 6 Monate: 1 800 durch 12 mal 6)	900
plus Zuschlag zum Versorgungsfreibetrag (540 durch 12 mal 6)	270
plus Werbungskostenpauschbetrag	102
steuerfreier Pensionsanteil (alle Angaben in Euro)	**1 272**

Tipp

Mehr dazu finden Sie in „Steuererklärung 2015/2016 Rentner, Pensionäre" (208 Seiten, 14,90 Euro, erhältlich bei der Stiftung Warentest sowie im Buchhandel).

Pflegekosten

Es gibt mehrere Möglichkeiten, Pflegekosten steuerlich geltend zu machen, insbesondere:
- als Pflegepauschbetrag,
- als allgemeine →außergewöhnliche Belastung,
- im Rahmen →haushaltsnaher Dienstleistungen.

Wer eine andere Person in seiner Wohnung oder in deren Wohnung unentgeltlich pflegt, kann den Pflegepauschbetrag von 924 Euro im Jahr erhalten. Voraussetzung ist, dass die Pflege persönlich geleistet wird (eine Unterstützung durch einen ambulanten Pflegedienst schadet aber nichts), der Gepflegte muss hilflos sein (Merkmal H) oder die Pflegestufe III haben.

Den →Freibetrag erhalten Menschen, die unterhaltsberechtigte Angehörige pflegen. Es gibt ihn aber auch, wenn entfernte →Angehörige, Lebensgefährten, Freunde oder Nachbarn gepflegt werden. Dann muss der Pflegende darlegen können, dass er die Pflege zwangsläufig übernehmen musste. Sind mehrere Menschen an der Pflege einer Person beteiligt, wenn etwa Geschwister ihre Eltern pflegen, wird der Freibetrag nach der Anzahl der beteiligten Personen aufgeteilt.

Pflegt jemand parallel mehrere Personen, kann pro gepflegter Person ein Pflegepauschbetrag genutzt werden.

Tipp

Den Pflegepauschbetrag gibt es auch, wenn die gepflegte Person in einem Heim untergebracht ist und nur an den Wochenenden zu Hause gepflegt wird.

Höhere Ausgaben für Pflegekosten daheim oder für einen Heimaufenthalt können anstelle des Pflegepauschbetrags in der Regel als außergewöhnliche Belastung geltend gemacht werden. Das gilt auch für

Zahlungen für im Heim untergebrachte Verwandte, die unterhaltsberechtigt sind. Ausgaben werden dann im Prinzip wie →Krankheitskosten behandelt und erst oberhalb der →zumutbaren Belastung anerkannt. Eine Pflegestufe ist nicht mehr erforderlich. Voraussetzung ist aber, dass der Heimaufenthalt krankheits- oder behinderungsbedingt erfolgte oder wegen erheblicher Gebrechlichkeit. Hohes Alter allein ist keine Krankheit und altersbedingte Kosten sind keine außergewöhnliche Belastung. Wer einen Verwandten zu Hause oder in einem Heim pflegen lässt, kann seine Ausgaben in der Regel nur geltend machen, wenn er gegenüber der zu pflegenden Person unterhaltsverpflichtet ist und der Gepflegte die Kosten nicht allein tragen kann. Das wäre etwa beim →Ehe-/Lebenspartner der Fall oder wenn ein →Kind Pflegeheimkosten für die Eltern übernimmt.

Erfolgt die Pflege im Rahmen haushaltsnaher Dienstleistungen, ist kein Nachweis der Pflegebedürftigkeit erforderlich, auch Unterhaltsberechtigung oder finanzielle Bedürftigkeit spielen keine Rolle. Pflegeleistungen, etwa durch einen externen Pflegedienst oder die versicherungspflichtige Anstellung einer Haushaltshilfe, dürfen bis 20 000 Euro im Jahr geltend gemacht werden, 20 Prozent davon, also bis zu 4 000 Euro, drücken unmittelbar die Steuerschuld. Zusätzlich sind 2 550 Euro Kosten für die Anstellung einer Pflegekraft mit →Minijob förderfähig.

Auch Kombinationsmöglichkeiten sind denkbar. So lässt sich der Teil der Pflegekosten, der wegen der zumutbaren Belastung nicht als außergewöhnliche Belastung absetzbar ist, als haushaltsnahe Dienstleistung geltend machen. Auch kann jemand, der Pflegeleistungen im Haushalt als haushaltsnahe Dienstleistung absetzt, neben dem Höchstbetrag von 20 000 Euro weitere Pflegekosten als außergewöhnliche Belastungen geltend machen.

💡 Tipp

Ein Abzug von Pflegekosten als außergewöhnliche Belastung ist vorrangig. Er bringt auch eine höhere Entlastung, wenn der Grenzsteuersatz über 20 Prozent liegt. Alleinstehende erreichen diesen →Steuersatz bereits bei einem zu versteuernden Einkommen von rund 11 500 Euro.

Pflegeversicherung

Die gesetzliche Pflegeversicherung ist Teil der Sozialversicherung. Den Beitragssatz von 2,35 Prozent (2015) tragen Arbeitgeber und Arbeitnehmer jeweils zur Hälfte. Kinderlose ab 23 müssen einen Zuschlag von 0,25 Prozent löhnen (siehe Tabelle Seite 103). Ein kinderloser Arbeitnehmer zahlt unter dem Strich 1,425 Prozent (1,175 plus 0,25 Prozent). In Sachsen ist auch das ausnahmsweise anders. Dort zahlt ein Arbeitnehmer grundsätzlich einen höheren Pflegeversicherungsbeitrag von 1,675 Prozent, mit dem Zuschlag für Kinderlose sogar 1,925 Prozent. Privat krankenversicherte Menschen müssen in der Regel auch privat pflegeversichert sein. Pflegeversicherungsbeiträge sind grundsätzlich als →Sonderausgaben absetzbar. Sie werden steuerlich im Prinzip ebenso behandelt wie Beiträge zur →Krankenversicherung. Wichtigster Unterschied: Pflegeversicherungsbeiträge sind zu 100 Prozent absetzbar, sie werden nicht wegen der Versicherung von Krankengeld gekürzt.

Die volle Abzugsfähigkeit gilt auch für die selbst gezahlten Beiträge zu einer privaten Pflegeversicherung, soweit sie der Basisabsicherung dienen. Das sind Leistungen, die auch die gesetzliche Pflegeversicherung bietet. Beiträge zur Absicherung von Zusatzleistungen können nur im Rahmen sonstiger →Versicherungsbeiträge geltend gemacht werden. Bei privat versicherten →Arbeitnehmern berücksichtigt der Arbeitgeber Pflegeversicherungsbeiträge beim laufenden Lohnsteuerabzug mindestens im Rahmen der →Vorsorgepauschale. (Siehe auch →Krankenversicherung, →Versicherungsbeiträge, →Vorsorgepauschale.)

R

Reisekosten

Wer dienstlich oder geschäftlich unterwegs ist, kann Aufwendungen für Fahrt, Unterkunft, Verpflegung als →Werbungskosten oder →Betriebsausgaben steuerlich geltend machen. Das Finanzamt akzeptiert aber nur Aufwendungen, die die Firma nicht erstattet hat. Reisekosten entstehen bei Auswärtstätigkeit, das bedeutet vereinfacht gesagt eine vorübergehende beruflich bedingte Abwesenheit von der Wohnung und vom Betrieb. Das „Gesetz zur Änderung und Vereinfachung der Unternehmensbesteuerung und des steuerlichen Reisekostenrechts" hat die steuerliche Behandlung von Reisekosten ab 2014 teilweise geändert.

Fahrtkosten mit dem Pkw können pauschal mit 0,30 Euro je gefahrenen Kilometer geltend gemacht werden. Das ist doppelt soviel wie für den →Arbeitsweg, der nur 0,30 Euro pro Kilometer für den Hin- oder für den Rückweg zwischen Wohnung und Betrieb bringt. Für Fahrten per Motorrad, Motorroller, Moped und Mofa gibt es ab 2014 eine einheitliche Pauschale von 0,20 Euro pro Fahrtkilometer. Wer mit dem Fahrrad unterwegs ist, kann ab 2014 mangels Pauschale nur die von ihm selbst ermittelten tatsächlichen Kosten geltend machen. Die tatsächlichen Kosten dürfen die Nutzer aller anderen Fahrzeuge anstelle der Pauschalen ebenfalls abrechnen. Bei öffentlichen Verkehrsmitteln ist das der entrichtete Fahrpreis. Wer einen →Dienstwagen nutzt, kann im Prinzip weder die tatsächlichen Fahrtkosten, noch die Pauschalen geltend machen. Ausnahme: Hat jemand Kosten selber getragen, etwa für Benzin, sind die in nachgewiesener Höhe absetzbar. Der Kilometerzuschlag für die Mitnahme anderer Dienstreisender ist ab 2014 entfallen.

Übernachtungskosten im Inland und im Ausland dürfen nur in Höhe der nachgewiesenen eigenen Aufwendungen als Werbungskosten oder Betriebsausgaben geltend gemacht werden. Die Firma kann aber eine Pauschale von 20 Euro je Übernachtung im Inland steuerfrei erstatten. Übernachtungspauschalen für Reisen ins Ausland hat das Bundesfinanzministerium in einer Liste veröffentlicht. Sie dürfen von der Firma steuerfrei erstattet werden (siehe Tipp Seite 115).

Dauert eine Auswärtstätigkeit im Inland länger als 48 Monate, sind ab 2014 Unterkunftskosten nur noch mit maximal 1 000 Euro im Monat absetzbar. Für das Ausland gilt diese zeitliche Einschränkung nicht.

Verpflegungskosten sind nur pauschal absetzbar. Anstelle von drei Stufen gelten ab 2014 für alle nur noch zwei. Dauert die Abwesenheit von Betrieb oder Wohnung bis zu acht Stunden, gibt es keine Verpflegungspauschale. Wer mehr als acht Stunden unterwegs ist, kann 12 Euro geltend machen. Volle 24 Stunden Abwesenheit bringen 24 Euro. Bei mehrtägigen Reisen mit mindestens einer Übernachtung gelten 12 Euro jeweils für den An- und Abreisetag, und zwar unabhängig von der Abwesenheitsdauer. Diese kann auch unter acht Stunden liegen.

Beispiel

Renate Reh ist Arbeitnehmerin. Sie verlässt am Montag um 19 Uhr ihre Wohnung in Berlin und fährt mit dem Zug nach Rostock. Am Dienstag hat sie dort eine ganztägige Konferenz. Am Mittwoch fährt sie zurück nach Berlin und vom Bahnhof mit dem Bus zur Firma, wo sie 13 Uhr eintrifft. Renate kann für diese Auswärtstätigkeit 48 Euro Verpflegungskosten geltend machen. Der Montag bringt ihr als Anreisetag 12 Euro, obwohl sie von 19 bis 24 Uhr nur fünf Stunden unterwegs war. Für den Dienstag gibt es mit 24 Stunden Abwesenheit 24 Euro. Der Abreisetag Mittwoch bringt mit 13 Stunden Abwesenheit noch mal 12 Euro Verpflegungspauschale.

Verpflegungspauschalen dürfen grundsätzlich nur für die ersten drei Monate der Auswärtstätigkeit am selben Ort geltend gemacht werden. Bei Unterbrechung der

Auswärtstätigkeit von mindestens vier Wochen kann die Dreimonatsfrist aber von vorn beginnen. Ab 2014 gibt es eine Verbesserung: Für eine Unterbrechung werden nicht mehr nur dienstliche Gründe anerkannt, sondern auch private, etwa Krankheit oder ein längerer Urlaub.

Für dienstliche Aufenthalte im Ausland gelten anstelle der inländischen Verpflegungspauschalen sogenannte Tagegelder, die sich je nach Aufenthaltsort stark unterscheiden können. Bei Abwesenheitsdauer von mindestens 8 Stunden gibt es beispielsweise in Dänemark 40 Euro. Gleiches gilt bei einer mehrtägigen Reise mit Übernachtung jeweils für den An- und Abreisetag. Für alle Tage dazwischen beläuft sich die Pauschale für Dänemark auf 60 Euro.

Tipp

Die aktuelle Liste der Auslandstagegelder und der Auslandsübernachtungspauschalen steht unter www.bundesfinanzministerium.de, Suchbegriff „Reisekosten Ausland" eingeben (siehe auch Seite 18).

Reisenebenkosten können zusätzlich zu den Fahrt-, Übernachtungs- und Verpflegungskosten geltend gemacht werden. Dazu gehören zum Beispiel Park- und Straßenbenutzungsgebühren, Unfallkosten, Aufwendungen für die Beförderung, Versicherung und Aufbewahrung von Reisegepäck sowie dienstliche Telefon- und andere Verbindungskosten. Es ist möglich, Reisekosten in einen beruflichen und einen privaten Teil zu zerlegen. Ausgaben für den beruflichen Teil können auch dann steuerlich anerkannt werden, wenn die Auswärtstätigkeit mit einem Urlaub oder mit anderen privaten Vorhaben verbunden wurde. Wichtig ist ein nachvollziehbarer Aufteilungsmaßstab, etwa die Zeitdauer des beruflichen und privaten Teils. Wurde zum Beispiel die Hälfte der Zeit beruflich genutzt, die andere Hälfte privat, können 50 Prozent der Reisekosten Werbungskosten sein.

Rentenbesteuerung

Renten gehören zu den →sonstigen Einkünften und sind grundsätzlich steuerpflichtig. Die Tatsache, dass bisher nur rund ein Viertel aller →Rentner eine →Steuererklärung abgeben muss, stützt zwar die verbreitete Legende, dass Renten steuerfrei seien, es stimmt leider nicht.

Allerdings ist die Besteuerung von Renten sehr unterschiedlich geregelt. Es gibt steuerfreie Renten, zum Beispiel Renten aus der gesetzlichen Unfallversicherung oder bestimmte private Schadensersatzrenten. Die meisten Renten sind derzeit teilweise steuerpflichtig, etwa Renten aus der gesetzlichen und privaten Rentenversicherung. Einige Renten sind voll steuerpflichtig, zum Beispiel Renten mit →Riester-Förderung oder bestimmte Zahlungen aus der →betrieblichen Altersvorsorge.

Renten aus der gesetzlichen Rentenversicherung, etwa Altersrenten, Witwen- und Erwerbsminderungsrenten, sind derzeit teilweise steuerpflichtig. Der steuerpflichtige Teil hängt vom Jahr des Renteneintritts ab. Wer 2015 in Rente gegangen ist, muss 70 Prozent seiner Rente versteuern, 30 Prozent bleiben steuerfrei. Den so berechneten steuerfreien Eurobetrag behalten Rentner lebenslang. Der steuerpflichtige Prozentsatz der Rente ist in einer Tabelle festgelegt. Er steigt für jeden neuen Rentnerjahrgang zunächst um 2 Prozent an, später um 1 Prozent. Wer 2040 Rentner wird, muss seine gesamte Rente versteuern (siehe Tabelle Seite 158). Auszahlungen aus einer privaten Basisrente, auch Rürup-Rente genannt, werden steuerlich ebenso behandelt wie Zahlungen der gesetzlichen Rentenversicherung oder eines Versorgungswerks.

Tipp

Besonders aufpassen müssen Rentner mit zusätzlichen →Einkünften, beispielsweise aus Arbeitslohn, einer →Vermietung oder einer Pension. Hier kommt es immer häufiger zu einer Pflichtabgabe der →Steuererklärung und zu Steuerzahlungen.

Auch die 2014 eingeführte Mütterrente wird je nach Renteneintrittsjahr besteuert. Geht eine Mutter

2015 in Rente sind 30 Prozent der Mütterrente steuerfrei, 70 Prozent steuerpflichtig. Auch wer vorher in Rente ging, bekommt einen Teil der Mütterrente steuerfrei, der sich nach dem Jahr des Rentenbeginns richtet (siehe Seite 19).

Rentenzahlungen aus privaten Rentenversicherungen sind in der Regel mit dem sogenannten Ertragsanteil steuerpflichtig. Der richtet sich nach dem Lebensalter der Bezieher bei Rentenbeginn. Wer beispielsweise im Alter von 60 Jahren erstmals Rente aus einer privaten Rentenversicherung erhält, muss davon 22 Prozent versteuern, 78 Prozent bleiben steuerfrei. Erhält jemand mit 65 erstmals eine private Rente, sind nur noch 18 Prozent steuerpflichtig. Die Höhe des Ertragsanteils ist gesetzlich geregelt (siehe Tabelle Seite 159).

Auszahlungen aus Kapitallebensversicherungen, die vor 2005 abgeschlossen wurden und als Kapitalabfindungen „auf einen Schlag" ausgezahlt werden, können unter weiteren Voraussetzungen steuerfrei sein, zum Beispiel, wenn sie mindestens 12 Jahre gelaufen sind. Bei Kapitallebensversicherungen, die seit 2005 abgeschlossen wurden, kann die Hälfte der Erträge steuerfrei bleiben, wenn sie mindestens 12 Jahre Laufzeit haben und weitere Voraussetzungen erfüllen (siehe unter dem Stichwort →Versicherungsbeiträge). Erfolgt anstelle der Kapitalabfindung eine Rentenzahlung, ist diese Zahlung mit dem Ertragsanteil steuerpflichtig, unabhängig davon, ob der Vertrag vor 2005 oder erst danach abgeschlossen wurde.

Leistungen aus der betrieblichen Altersvorsorge werden je nach Durchführungsweg sowie steuerlicher Behandlung der gezahlten Beiträge ziemlich unterschiedlich besteuert.

Zahlungen aus einer Direktzusage des Arbeitgebers oder aus einer Unterstützungskasse sind keine Renten, sondern Pensionen. Der Empfänger wird steuerlich wie ein →Pensionär behandelt.

Einmalauszahlungen aus einer Direktversicherung (keine Direktzusage!), die die Firma für ihre Beschäftigten abgeschlossen hat, können steuerfrei sein, wenn der Vertragsabschluss vor 2005 erfolgte und alle weiteren Bedingungen erfüllt sind. Erfolgt die Auszahlung in Form regelmäßiger Rentenzahlungen, sind die mit dem Ertragsanteil steuerpflichtig.

Kamen bei den Beiträgen Entgeltumwandlung mit steuerfreier Einzahlung oder Riester-Förderung zum Zug, gilt volle Steuerpflicht. Für Zahlungen aus Pensionskassen und Pensionsfonds gelten dieselben Bedingungen wie bei Direktversicherungen.

(Siehe auch →Altersvorsorge, →Betriebliche Altersvorsorge, →Pensionäre, →Rentner, →Versicherungsbeiträge.)

Rentner

In Deutschland gibt es über 20 Millionen Menschen, die Renten aus der gesetzlichen Rentenversicherung beziehen. Das sind vor allem Altersrenten, Hinterbliebenenrenten für Witwen, Witwer und Waisen sowie Erwerbsminderungsrenten. Als Rentner gelten auch Menschen mit Renteneinkünften aus privaten Rentenversicherungen oder privaten Versorgungsrenten, die zum Beispiel im Rahmen von Vermögensübertragungen innerhalb von Familien vereinbart wurden.

Bisher lässt das Finanzamt rund drei Viertel der Rentner in Ruhe, weil deren zu versteuerndes Einkommen den Grundfreibetrag von 8 472/16 944 Euro im Jahr (Alleinstehende/Ehepaare oder Lebenspartner) insgesamt nicht übersteigt. Das ändert sich aber schrittweise. Im Jahr 2004 mussten nur 6 Prozent aller Menschen, die überwiegend Renteneinkünfte bezogen und eine →Steuererklärung abgegeben haben, Einkommensteuer zahlen. Im Jahr 2009 waren es bereits 35 Prozent. Das hat das Statistische Bundesamt ermittelt. Neuere Zahlen gibt es bislang nicht, aber der Trend nach oben dürfte vermutlich anhalten.

Hauptursache dieser Entwicklung ist das Alterseinkünftegesetz. Das gilt seit 2005 und verändert die →Rentenbesteuerung grundlegend. Bis 2004 hing der steuerpflichtige

Rentenanteil davon ab, in welchem Alter jemand in Rente ging. Das ist der sogenannte Ertragsanteil (siehe Tabelle Seite 159). Seit 2005 entscheidet das Kalenderjahr, in dem man in Rente geht, über die Höhe des steuerpflichtigen Rentenanteils gesetzlicher Renten. Wer 2005 Rentner war oder wurde, muss mindestens 50 Prozent seiner Rente versteuern. Rentenbeginn 2015 bedeutet 70 Prozent steuerpflichtigen Rentenanteil. Jeder neue Rentnerjahrgang muss etwas mehr versteuern als der Vorgängerjahrgang, bis 2040 die gesamte Rente steuerpflichtig wird (siehe auch Tabelle Seite 158). Hinzu kommt, dass jede Rentenerhöhung, auch Rentenanpassung genannt, seit 2005 nicht nur teilweise, sondern voll steuerpflichtig ist (siehe Tabelle Seite 160). Außerdem baut das Alterseinkünftegesetz weitere Steuervorteile von Ruheständlern schrittweise ab, beispielsweise den →Altersentlastungsbetrag.

Die technische Entwicklung führt ebenfalls dazu, dass immer mehr Rentner Steuern zahlen müssen. Die Finanzverwaltung hat seit 2012 einen guten Überblick über sämtliche Renteneinkünfte und die gesamte steuerliche Situation von Rentnern, weil sie vorhandene Daten elektronisch besser verarbeiten kann. Hunderttausende Rentner wurden seither schriftlich aufgefordert, ihre Steuererklärungen abzugeben.

Beispiel
Sieglinde Stör ist Hamburgerin. Im Jahr 2015 bekam sie 12 754 Euro Rente. Davon sind 12 000 Euro zu 58 Prozent steuerpflichtig, weil sie 2009 in Rente gegangen ist (siehe Tabelle Seite 158). Das ergibt 6 960 Euro. Insgesamt 754 Euro stammen aus Rentenerhöhungen seit 2009. Die sind nicht nur zu 58 Prozent, sondern voll steuerpflichtig. Mit 7 612 Euro steuerpflichtigen →Einkünften (6 960 Euro plus 754 Euro minus 102 Euro Werbungskostenpauschale) bleibt Sieglinde unterhalb des Grundfreibetrags von 8 477 Euro. Das bedeutet, dass weder eine Steuererklärung fällig wird, noch Steuerzahlungen folgen.

Die abzugsfähigen Beiträge zur →Krankenversicherung sowie zur →Pflegeversicherung von insgesamt 1 346 Euro sind dabei noch gar nicht berücksichtigt (12 754 Euro mal 10,55 Prozent).

Tipp
Mehr zur Besteuerung finden Sie im Ratgeber „Steuererklärung 2015/2016 Rentner, Pensionäre" (208 Seiten, 14,90 Euro, erhältlich bei der Stiftung Warentest oder im Buchhandel). (Siehe auch →Altersvorsorge, →Rentenbesteuerung, →Versicherungsbeiträge.)

Riester-Förderung

Diese staatlich geförderte Form der privaten und betrieblichen →Altersvorsorge gibt es seit 2002. Sie wurde nach dem damaligen Bundesarbeitsminister Walter Riester benannt.

Die Auszahlungen aus geförderten Riester-Renten sind voll steuerpflichtig. Die Förderung erfolgt durch eine Grundzulage von 154 Euro pro Person und Jahr. Alle, die zu Beginn des ersten Beitragsjahres ihren 25. Geburtstag noch nicht hatten, erhalten zusätzlich einen einmaligen „Berufseinsteiger-Bonus" von 200 Euro. Für Eltern gibt es eine Kinderzulage von 185 Euro pro →Kind, für ab 2008 geborene Kinder 300 Euro. Ergänzend zu den Zulagen berücksichtigt das Finanzamt einen Abzug von →Sonderausgaben bis 2 100 Euro, wenn der eine höhere Entlastung bringt als die Zulagen. Dazu muss der Riester-Sparer eine →Steuererklärung mit Anlage AV abgeben.

Um die Förderung zu erhalten, müssen die Anlageprodukte zulagenfähig sein, so dürfen zum Beispiel grundsätzlich nur lebenslange Leistungen erbracht werden, und zwar frühestens ab dem 60. Geburtstag, bei ab 2012 abgeschlossenen Verträgen frühestens ab dem 62. Geburtstag.

Förderfähig können Einzahlungen in private Rentenversicherungen, Pensionsfonds, Banksparpläne oder auch selbst genutztes Wohneigentum sein („Wohn-Riester").

Jeder pflichtversicherte →Arbeitnehmer und jeder →Beamte kann die Förderung als „unmittelbar Begünstigter" nutzen, pflichtversicherte Selbstständige, →Arbeitslose, Erwerbsminderungsrentner sowie Rentenversicherungspflichtige mit →Minijob ebenfalls. Nicht pflichtversicherte Selbstständige, Altersrentner oder pauschal versicherte Minijobber erhalten die Riester-Förderung derzeit nur in ihrer Eigenschaft als →Ehe-/Lebenspartner, wenn ihr Partner zu den „unmittelbar Begünstigten" gehört.

Die volle Förderung gibt es nur, wenn der „unmittelbar Begünstigte" mindestens 4 Prozent seines rentenversicherungspflichtigen Bruttolohns des Vorjahrs in einen Riester-Vertrag eingezahlt hat. Zahlt er weniger ein, kürzt das Amt die Zulage prozentual. Zahlt er mehr ein, sind zusätzlich Sonderausgaben bis 2100 Euro abzugsfähig. Hatte beispielsweise ein alleinstehender, kinderloser Arbeitnehmer einen Bruttolohn von 40 000 Euro, müsste er nach der 4-Prozent-Vorgabe im Folgejahr 1600 Euro in einen Riester-Vertrag einzahlen (40 000 mal 4 Prozent). Tatsächlich sind für die volle Förderung aber nur 1446 Euro Einzahlung nötig, weil die Zulage in Höhe von 154 Euro die 4-Prozent-Grenze senkt (1600 minus 154). (Siehe auch →Altersvorsorge, →Betriebliche Altersvorsorge, →Kinder, →Minijob.)

Tipp
Wenn mittelbar begünstigte Ehe- oder Lebenspartner einen Mindestbetrag von 60 Euro einzahlen, erhalten sie die volle Riester-Förderung.

S

Schulgeld
Eltern können Schulgeld für den Schulbesuch ihrer →Kinder an Privatschulen als →Sonderausgaben geltend machen. Das Finanzamt akzeptiert 30 Prozent des gezahlten Schulgelds, allerdings höchstens 5000 Euro im Jahr. Um auf diesen Betrag zu kommen, müssen mindestens 16 667 Euro abzugsfähige Ausgaben im Jahr entstanden sein (30 Prozent von 16 667 Euro ist 5 000,10). Zahlen Eltern für ihr

Kind beispielsweise 2400 Euro Schulgeld im Jahr, sind davon 720 Euro absetzbar (2400 mal 30 Prozent). Die Steuererleichterung gibt es nur für Schulgeld in engerem Sinn. Andere Ausgaben, etwa für eine Internatsunterkunft, für Verpflegung oder Betreuung, sind nicht absetzbar. Außerdem muss den Eltern für das betreffende Kind →Kindergeld oder ein →Kinderfreibetrag zustehen. Die Schulgeldförderung erfolgt pro Kind. Ob die Eltern →Alleinerziehende oder →Ehe-/Lebenspartner sind, spielt keine Rolle.

Begünstigt sein können Schulen in freier Trägerschaft und Privatschulen in Deutschland und in der EU sowie deutsche Schulen rund um den Globus.

💡 Tipp

Schreiben Sie stets das gesamte gezahlte Schulgeld in die →Steuererklärung (Anlage Kind). Der Fiskus rechnet sich die 30 Prozent heraus.

Selbstanzeige

Mit einer Selbstanzeige können reuige Steuersünder ihre Verfehlungen straffrei bereinigen. Sie müssen dafür zweierlei tun: alle unrichtigen Angaben gegenüber dem Finanzamt berichtigen und die Steuern samt 6 Prozent Verzinsung pro Jahr nachzahlen.

Das Finanzamt unterscheidet zwischen zwei Arten von „Missetaten". Unter „leichtfertiger Steuerverkürzung" verstehen die Beamten vor allem das Ergebnis von Fahrlässigkeit und Nachlässigkeit ohne Vorsatz. Steuerverkürzung verjährt nach fünf Jahren. Es ist eine Ordnungswidrigkeit, für die Bußgeld fällig werden kann, maximal sind das 50 000 Euro.

„Steuerhinterziehung" ist dagegen eine vorsätzliche Straftat. Sie verjährt nach zehn Jahren. Bereits der Versuch ist strafbar. Eine Verurteilung kann mit Geldstrafen verbunden sein, in schweren Fällen mit bis zu zehn Jahren Haft.

Nur eine „wirksame" Selbstanzeige kann Bußgeld oder Strafe verhindern. Sie erfordert vor allem, dass

- mit der Selbstanzeige alle unverjährten Straftaten in vollem Umfang offengelegt werden,
- zum Zeitpunkt der Selbstanzeige noch keine schriftliche Prüfungsanordnung des Finanzamts vorliegt und
- der Prüfer noch nicht erschienen, die Tat noch nicht entdeckt ist.

Eine Selbstanzeige kann gegenüber dem Finanzamt formlos oder gleich per →Steuererklärung erfolgen. Der Begriff Selbstanzeige sollte dabei nicht auftauchen.

Tipp
Nutzen Sie zur Selbstanzeige professionelle →Steuerberatung. Handeln Sie überlegt und mit aller gebotenen Sorgfalt. Der Fall Hoeneß ist auch ein warnendes Beispiel dafür, wie man den Befreiungsschlag namens Selbstanzeige verstolpern kann (siehe auch Seite 13).

Solidaritätszuschlag

Der Solidaritätszuschlag (Soli) ist ein Zuschlag auf die Einkommen- und Körperschaftsteuer. Er beträgt 5,5 Prozent der Steuerschuld. Der Soli wurde unter dem Vorwand der Finanzierung von Aufgaben der deutschen Vereinigung eingeführt, er wird aber nicht speziell dafür eingesetzt. 2014 standen so rund 15 Milliarden Euro für Finanzierungszwecke aller Art zur Verfügung.

Bis zu einer Einkommensteuer von 972/1944 Euro (Alleinstehende/Ehepaare und Lebenspartner) wird gar kein Solidaritätszuschlag fällig. Danach steigt er in einem Übergangsbereich bis zu einer Steuerschuld von 1341/2682 Euro schrittweise an. Von da an berechnet das Finanzamt die vollen 5,5 Prozent. Auf Arbeitslohn wird der Soli erst erhoben, wenn die Lohnsteuer in der →Lohnsteuerklasse III monatlich 162 Euro überschreitet, in den anderen Steuerklassen monatlich 81 Euro.

Sonderausgaben

Sonderausgaben sind private Aufwendungen, die das Finanzamt trotzdem ganz oder teilweise als steuerlich abzugsfähige Kosten zulässt. Zunächst hat jeder eine magere Pauschale von 36 Euro im Jahr, für →Ehe-/Lebenspartner verdoppelt sich der Betrag.

Vorsorgeaufwendungen sind eine besondere Gruppe von Sonderausgaben. Dazu gehören vor allem die Beiträge zur →Altersvorsorge, zur →Krankenversicherung, →Pflegeversicherung, Arbeitslosenversicherung sowie andere →Versicherungsbeiträge. Sie bilden den wohl größten Sonderausgabenposten.

Bestimmte Unterhaltszahlungen an den Ex-Ehe-/Lebenspartner können ebenfalls zu hohen Sonderausgaben führen. Dieser Vorgang wird oft als „Realsplitting" bezeichnet. Die gezahlte →Kirchensteuer ist als Sonderausgabe abzugsfähig. Das gilt auch für →Ausbildungskosten und →Spenden. Seit 2012 sind →Kinderbetreuungskosten ausschließlich als Sonderausgaben absetzbar. (Siehe dazu auch →Altersvorsorge, →Ausbildungskosten, →Kirchensteuer, →Kinderbetreuungskosten, →Krankenversicherung, →Parteispenden, →Pflegeversicherung, →Schulgeld, →Spenden, →Versicherungsbeiträge sowie →Unterhalt.)

Sonstige Einkünfte

Die sonstigen Einkünfte bilden eine der sieben Einkunftsarten. →Rentner erhalten weitaus größten Teil der sonstigen Einkünfte in Form von Renten. Mit über 92 Prozent sind Renten der weitaus größte Teil der sonstigen Einkünfte. Das sind vor allem Renten aus der gesetzlichen Rentenversicherung und aus berufsständischen Versorgungswerken. Auch →Unterhalt, den der Ex-Ehe-/Lebenspartner im Rahmen des sogenannten Realsplittings zahlt und als →Sonderausgaben absetzen darf, gehört beim Empfänger zu den sonstigen Einkünften.

Gewinne aus sogenannten privaten Veräußerungsgeschäften können ebenfalls als sonstige Einkünfte steuerpflichtig sein, wenn innerhalb einer bestimmten Zeitspanne gekauft und verkauft wurde. Das betrifft zum Beispiel Gold und andere Edelmetalle, Schmuck, Oldtimer oder Kunstgegenstände, die innerhalb eines Jahres ge- und verkauft wurden. Bei Immobilien beläuft sich die Frist auf 10 Jahre. Ein Gewinn aus privaten Veräußerungsgeschäften unter 600 Euro pro Person und Jahr bleibt dank einer Freigrenze steuerfrei. Gewinne und Verluste aus Wertpapiergeschäften sind seit der Einführung der Abgeltungsteuer 2009 keine sonstigen Einkünfte mehr, sondern →Einkünfte aus Kapitalvermögen.

Das Ergebnis von Gelegenheitsgeschäften, zum Beispiel Provisionen für gelegentliche Vermittlungstätigkeit, Einkünfte aus der →Vermietung eines privaten Pkw oder Zahlungen für die Mitnahme von Arbeitskollegen zur Firma, gehören ebenfalls zu den sonstigen Einkünften. Steuerlich wirken sie sich aber nur aus, wenn daraus im Jahr Einkünfte von mindestens 256 Euro zusammenkommen.

Tipp
Kauf und Verkauf von Gebrauchsgegenständen, wie etwa handelsüblichen Kfz, sieht das Finanzamt nicht mehr als private Veräußerungsgeschäfte an, wenn sie nach dem 13. Dezember 2010 angeschafft wurden. Damit bleiben daraus erzielte Gewinne oder Verluste ohne steuerliche Auswirkung.

Spenden
Spenden zur Förderung steuerbegünstigter Zwecke sind in begrenztem Umfang als →Sonderausgaben absetzbar. Förderfähig sind Spenden und Mitgliedsbeiträge an Organisationen, die
- mildtätigen,
- kirchlichen,
- religiösen,
- wissenschaftlichen,
- staatspolitischen und
- gemeinnützigen Zwecke dienen.

Damit umfasst der Kreis der förderfähigen Organisationen so ziemlich alles von Kultur und Bildung über Jugend und Sport bis hin zu Denkmalschutz oder Karneval. Solche Spenden sind bis zu einer Höhe von 20 Prozent der →Einkünfte absetzbar. Hat etwa ein Ehepaar einen Gesamtbetrag der Einkünfte von 50 000 Euro, darf es Spenden bis 10 000 Euro als Sonderausgaben absetzen (50 000 mal 20 Prozent). Wenn spendable Menschen dem guten Zweck mehr gegeben haben als 20 Prozent, trägt das Finanzamt den übersteigenden Betrag in spätere Jahre vor. Bei der Berechnung des abzugsfähigen Spendenvolumens berücksichtigt das Finanzamt seit 2012 →Kapitalerträge, die der Abgeltungsteuer unterlagen, nicht mehr. Werden aber Zins & Co. per →Steuererklärung mit dem persönlichen →Steuersatz abgerechnet, erhöhen sie das abzugsfähige Spendenvolumen weiterhin.

Sachspenden wie Kleidung, Möbel oder Bücher sind absetzbar, wenn sich der Wert der Gegenstände plausibel ermitteln lässt (da reicht eine nachvollziehbare Schätzung). Gleiches gilt für erbrachte Leistungen, zum Beispiel, wenn unter Verzicht auf rechtlich zustehenden Kostenersatz Pkw-Fahrten für den Verein unternommen oder Kinder aus Katastrophengebieten beherbergt und versorgt wurden. Als Beleg können Listen über die Fahrten dienen, die wie →Reisekosten abgerechnet werden.

Als Nachweis für die steuerliche Anerkennung der Spende ist in der Regel eine Spendenbescheinigung nach amtlichem Muster im Original erforderlich, eine sogenannte Zuwendungsbescheinigung. Für Spenden bis 200 Euro reicht der Kontoauszug mit dem vorgedruckten Überweisungsbeleg. Das genügt auch für höhere Beträge in Katastrophenfällen, wenn auf bestimmte Sonderkonten gespendet wurde.

Für →Parteispenden und Spenden an unabhängige Wählervereinigungen gelten besondere vorteilhafte Regelungen. (Siehe auch →Parteispenden.)

Tipp
Hat der Spendenempfänger die Daten elektronisch an das Finanzamt gemeldet, muss der →Steuererklärung keine Spendenbescheinigung mehr beigelegt werden.

Steuerberatung

Nach Umfragen erledigt rund die Hälfte der Steuerzahler die eigenen Steuersachen allein. Es gibt aber Fälle, in denen auch im privaten Bereich ein Fachmann ran sollte, zum Beispiel bei Selbstanzeigen, Grundstücksverkäufen, Verlusten, Vermögensübertragungen innerhalb der Familie oder Mieteinkünften.

Die über 92 000 Steuerberater in Deutschland dürfen bei allen Steuerfragen helfen. Welcher Berater zum Ratsuchenden und zu dessen Problemen passt, ist nur individuell zu klären. Die große Mehrheit der Beratungssuchenden vertraut auf Beratersuche den Empfehlungen von Verwandten, Bekannten und Kollegen. Auch mithilfe des Telefonbuchs lassen sich erste Kontakte mit einem Berater in der näheren Umgebung herstellen. Steuerberater sind in der Regel mit ihrem Profil im Internet vertreten, zum Beispiel im Suchdienst der Bundessteuerberaterkammer unter www.bstbk.de und über den Deutschen Steuerberaterverband unter www.dstv.de. Dort gibt es auch Hinweise auf Fachgebiete und Spezialkenntnisse. Die beruhen aber ausschließlich auf Selbsteinschätzungen der Berater. →Arbeitnehmer, →Beamte, →Rentner und →Pensionäre können sich von einem der 850 Lohnsteuerhilfevereine beraten lassen. Die Vereine kümmern sich aber nur um ihre Mitglieder. Der jährliche Mitgliedsbeitrag ist in der Regel nach der Einkommenshöhe gestaffelt. Im Schnitt sind das zwischen 50 und 300 Euro im Jahr. Die Vereine erledigen dafür bei der Einkommensteuer alles, was auch ein Steuerberater macht. →Freiberufler, →Gewerbetreibende und Landwirte dürfen sie nicht beraten. Es gibt aber Ausnahmen von der Beschränkung: Wer freiberuflich in einem Ehrenamt nur eine steuerfreie →Aufwandsentschädigung erhält, kann trotzdem vom Verein beraten werden. Gleiches gilt für Arbeitnehmer oder Rentner, die als Arbeitgeber eine Haushaltshilfe beschäftigen. Wer Mieteinkünfte und private Veräußerungsgewinne mit Einnahmen bis insgesamt 13 000/ 26 000 Euro (Alleinstehende/Ehe- und Lebenspartner) hat, darf ebenfalls vom Verein beraten werden. Geht es um Zinsen und andere →Kapitalerträge, dürfen Lohnsteuerhilfevereine auch oberhalb der genannten Grenzen beraten, wenn die Kapitalerträge pauschal mit der Abgeltungsteuer besteuert worden sind. Beratungsstellen finden Sie im Telefonbuch unter dem Stichwort „Lohnsteuerhilfe" und im Internet zum Beispiel unter www.be ratungsstellensuche.de.

Seit 2006 dürfen „private Steuerberatungskosten" nicht mehr als →Sonderausgaben abgesetzt werden. Darunter versteht das Finanzamt etwa Kosten, die der Steuerprofi für die Erarbeitung des Mantelbogens der →Steuererklärung oder die Anlage →Kind oder die Anlage →Unterhalt in Rechnung stellt. Fallen Beratungskosten im Zusammenhang mit steuerpflichtigen →Einkünften an, sind sie uneingeschränkt als →Werbungskosten oder →Betriebsausgaben abzugsfähig. Das gilt zum Beispiel für die Erarbeitung der Anlagen N, R, G, KAP, V oder S. In der Regel ergibt sich die Kostenaufteilung aus der Rechnung des Steuerberaters. Manchmal ist eine scharfe Trennung zwischen beruflich und privat nicht möglich. So sind Kosten für PC-Steuerprogramme, Steuerratgeberliteratur oder den Mitgliedsbeitrag im Lohnsteuerhilfeverein „Mischkosten".

Tipp
Mischkosten bis 100 Euro sind komplett als Werbungskosten oder Betriebsausgaben absetzbar. Zwischen 100 und 200 Euro sind 100 Euro absetzbar, höhere Mischkosten zur Hälfte.

Steuerbescheid

Der Steuerbescheid ist die Antwort des Finanzamts auf die →Steuererklärung. Er verkündet, ob eine Steuererstattung zu erwarten ist, oder ob eine Steuernachzahlung fällig wird. Außerdem legt er fest ob, wann und wie viel Vorauszahlung fällig wird. Schließlich erläutert er Abweichungen von der Steuererklärung und in welchen Punkten er offenbleibt. Liegt der Bescheid im Briefkasten, läuft die Uhr. Es bleibt ein Monat Zeit, um gegen Bescheide vorzugehen. Gegenwehr ist inzwischen eine ziemlich erfolgreiche „Massenveranstaltung" geworden: Jährlich gehen rund vier Millionen

Einsprüche bei der Finanzverwaltung ein. Die entscheidet rund zwei Drittel davon zugunsten der „Einsprecher".

💡 Tipp
Um die Frist von einem Monat zu wahren, kann ein Einspruch erst mal ohne Begründung an das Finanzamt geschickt werden. Eine Begründung sollte aber zügig folgen.

Ein Einspruch funktioniert nur schriftlich, per Brief oder Postkarte, auch per E-Mail (wenn das Finanzamt eine Mail-Adresse bekannt gegeben hat), per Fax oder mithilfe einer vom Finanzamt zu Protokoll genommenen mündlichen Erklärung. Mit dem Einspruch ist der gesamte Steuerfall wieder offen. Der Bürger kann jetzt noch neue Einwände vorbringen. Das Finanzamt kann aber auch mehr Steuern als vorher verlangen. Das heißt „Verböserung", steht im Duden als Scherzwort, ist aber ernst gemeint. Das Finanzamt muss seine „Verböserungsabsicht" ankündigen. Wird der Einspruch danach zurückgenommen, bleibt es beim alten Steuerbescheid. Läuft in einer vergleichbaren Sache ein Verfahren beim Europäischen Gerichtshof (EuGH), beim Bundesverfassungsgericht (BVerfG) oder bei einem obersten Bundesgericht (etwa beim Bundesfinanzhof), muss das Finanzamt den Einspruch bis zu einer Gerichtsentscheidung akzeptieren und das Verfahren ruhen lassen (siehe Seite 22). Das Finanzamt erteilt den Bescheid in wichtigen Streitpunkten von sich aus vorläufig (siehe Seite 17).

Neben dem Einspruch gibt es weitere Mittel, um sich gegen einen Steuerbescheid zu wehren. Ein „Antrag auf schlichte Änderung" richtet sich ausschließlich gegen einen oder mehrere bestimmte Punkte des Steuerbescheids. Er muss auch innerhalb der Frist von einem Monat gestellt werden. Das Finanzamt darf grundsätzlich nur in den genannten Punkten Änderungen vornehmen.

Ein „Änderungsantrag wegen offenbarer Unrichtigkeiten" dient dazu, Schreib-, Rechen- und Übertragungsfehler, Zahlendreher und ähnliche Fehler zu tilgen, die dem Amt unterlaufen sind. Dieser Antrag kann auch nach der Einspruchsfrist von einem Monat berücksichtigt werden, solange, bis die Verjährungsfrist endet. Die Verjährungsfrist, auch „Festsetzungsfrist" genannt, beträgt vier Jahre. Sie beginnt in der Regel zum Ende des Jahres, das der Abgabe der Steuererklärung folgt. Wurde zum Beispiel 2015 die Steuererklärung des Jahres 2014 abgegeben, endet die Verjährungsfrist im Normalfall am 31. Dezember 2019 um Mitternacht. Danach geht nichts mehr. Ein „Änderungsantrag wegen nachträglich bekannt gewordener Tatsachen" kann ebenfalls bis zum Ende der Festsetzungsfrist gestellt werden. (Siehe auch →Finanzgerichte.)

Steuererklärung

Eine Einkommensteuererklärung besteht in der Regel aus mehreren amtlichen Formularen. Fast immer gehören der vierseitige Mantelbogen mit der amtlichen Bezeichnung „ESt 1 A" und die Anlage Vorsorgeaufwand dazu. Mehr zu den Formularen steht auf Seite 132. Viele Steuerzahler fragen sich, ob sie eine Steuererklärung abgeben müssen. Ob Pflicht oder nicht, entscheidet sich zunächst daran, ob →Einkünfte aus nichtselbstständiger Arbeit vorliegen. Solche Einkünfte haben →Arbeitnehmer, →Beamte und →Pensionäre. Wer die Frage mit Nein beantwortet, ist grundsätzlich verpflichtet, eine Steuererklärung abzugeben. Das sind beispielsweise →Freiberufler, →Gewerbetreibende, Landwirte, →Rentner oder Vermieter. Diese Menschen müssen aber erst eine Steuererklärung abgeben, wenn der Gesamtbetrag ihrer Einkünfte oberhalb des Grundfreibetrags von 8 472/16 944 Euro liegt (ab 2015, Alleinstehende/Ehe- und Lebenspartner). Pflichtgründe, die für alle gelten, sind außerdem eine amtliche Aufforderung zur Abgabe oder vom Finanzamt bereits festgestellte →Verluste. Für Arbeitnehmer, Beamte und Pensionäre gelten besondere Pflichtabgabegründe. Sie müssen eine Steuererklärung abgeben, wenn sie neben Lohn, Gehalt oder Pension weitere steuerpflichtige Einkünfte oder →Lohnersatzleistungen von mehr als 410 Euro im Jahr hatten. Diese Gründe für eine Abgabepflicht betreffen auch Paare, die eine gemeinsame Steuererklärung abgeben. Ist etwa bei einem Ehepaar der eine Partner Arbeitnehmer und der andere Rentner, wird eine Steuererklärung Pflicht, wenn neben dem Arbeitslohn mehr als 410 Euro Einkünfte aus Rente vorliegen. Für Paare mit gemeinsamer Steuererklärung verdoppelt sich die 410-Euro-Grenze übrigens nicht. Steuerpflichtige Nebeneinkünfte und Lohnersatzleistungen werden dabei aber nicht zusammengerechnet. Ein Arbeitnehmer, der zum Beispiel bis zu 410 Euro Einkünfte aus Vermietung hatte und dazu bis zu 410 Euro Kurzarbeitergeld, ist nicht verpflichtet, eine Steuererklärung abzugeben. Wurden private →Kapitalerträge im Jahresverlauf mit 25 Prozent Abgeltungsteuer belegt, lösen sie keine Steuererklärungspflicht aus, egal wie hoch sie waren.

Gründe für eine Pflichtabgabe der Steuererklärung bei Arbeitnehmern, Beamten und Pensionären sind außerdem gegeben, wenn
- sie die Lohnsteuerklassenkombination III/V (bei Berufstätigkeit beider Partner), die →Lohnsteuerklasse VI oder das Faktorverfahren gewählt haben,
- beim Lohnsteuerabzug →Freibeträge berücksichtigt wurden und der Bruttojahreslohn über 10 800/20 500 Euro lag (Alleinstehende/Ehe- und Lebenspartner, Behinderten- oder Hinterbliebenenpauschbeträge lösen aber allein keine Abgabepflicht aus),
- die vom Arbeitgeber berücksichtigten Beiträge zur →Krankenversicherung und →Pflegeversicherung höher ausgefallen sind als die tatsächlich gezahlten Beiträge und der Bruttojahreslohn über 10 800/20 500 Euro lag (Alleinstehende/Ehepaare oder Lebenspartner).

Arbeitnehmer in den Lohnsteuerklassen I, II und IV sowie Alleinverdiener in Klasse III sind zunächst nicht verpflichtet, eine Steuererklärung abzugeben. Sie müssen nur abgeben, wenn einer der gerade genannten Pflichtgründe auf sie zutrifft. Arbeitnehmer haben aber gute Gründe, freiwillig eine Steuererklärung abzugeben, wie unter dem Stichwort „Arbeitnehmer" zu lesen ist. Wenn mindestens einer der folgenden Umstände zutrifft, besteht Aussicht auf eine Steuererstattung:

- Sie können →Kinderbetreuungskosten geltend machen.
- Die →Werbungskosten liegen oberhalb des →Arbeitnehmerpauschbetrags von 1000 Euro.
- Sie können höhere →Versicherungsbeiträge geltend machen oder andere →Sonderausgaben (z.B. →Kirchensteuer, →Spenden).
- Sie zahlen →Unterhalt, haben höhere →Krankheitskosten oder andere →außergewöhnliche Belastungen.
- Durch Hochzeit oder Geburt haben sich private Lebensumstände aus steuerlicher Sicht verbessert.
- Sie können →haushaltsnahe Dienstleistungen, Haushaltshilfen oder →Handwerkerleistungen im Haushalt geltend machen.
- Sie hatten Verluste, →Abfindungen oder ausländische Einkünfte.
- Sie hatten Zinsen oder andere Kapitalerträge oberhalb des Sparerpauschbetrags und einen →Steuersatz unter 25 Prozent.
- Sie können den →Härteausgleich oder den →Altersentlastungsbetrag nutzen.
- Sie waren nicht das gesamte Jahr über angestellt.

Wer eine Steuererklärung abgibt, muss sich mit einigen Formularen herumschlagen. Erforderlich ist zunächst der Hauptbogen, auch Mantelbogen genannt, amtliche Bezeichnung „ESt 1 A". Neben den persönlichen Angaben geht es hier vor allem um Sonderausgaben und außergewöhnliche Belastungen. Häufig genutzte Anlagen folgen in alphabetischer Reihenfolge:

- Anlage AV für alle, die die →Riester-Förderung beantragen.
- Anlage G für Gewerbetreibende.
- Anlage KAP für Sparer und Anleger, die Zinsen und andere Kapitalerträge mit dem persönlichen Steuersatz besteuern lassen wollen.

- Anlage →Kind für Eltern.
- Anlage N für Arbeitnehmer, Beamte, Pensionäre.
- Anlage R für →Rentner.
- Anlage S für Freiberufler.
- Anlage SO für alle mit →sonstigen Einkünften.
- Anlage U für geschiedene oder getrennt lebende →Ehe-/Lebenspartner, die den anderen Partner finanziell unterstützt haben.
- Anlage Unterhalt für Menschen, die unterhaltsberechtigte →Angehörige unterstützt haben.
- Anlage V für Menschen mit Einkünften aus Vermietung und Verpachtung.
- Anlage Vorsorgeaufwand für alle, die Beiträge zur →Altersvorsorge, Krankenversicherung, Pflegeversicherung und andere Versicherungsbeiträge geltend machen wollen.

Tipp

Arbeitnehmer, Beamte und Pensionäre dürfen anstelle des Mantelbogens plus Anlage N die „Vereinfachte Steuererklärung für Arbeitnehmer" nutzen. Das doppelseitige Formular ist für einfache Steuerfälle gedacht und kann Zeit und Mühe sparen.

Für die Abgabe einer Steuererklärung gelten ferner bestimmte →Fristen und Termine.

Steuersätze

Ein Steuersatz ist ein festgelegter Prozentsatz. Mit ihm wird beispielsweise das zu versteuernde Einkommen malgenommen, um die Höhe der zu zahlenden Steuer zu berechnen. Der Einkommensteuersatz wird nach einer im Einkommensteuergesetz (Paragraph 32a) festgelegten Formel berechnet. Das klingt so, als wären Steuersätze nur für Steuerexperten interessant. Tatsächlich gehen sie alle an. Wer ihre Wirkung versteht und richtig damit umgeht, kann Steuern sparen.

Beispiel

Das kinderlose Arbeitnehmerehepaar Thea und Tim Tiger gibt eine gemeinsame →Steuererklärung ab. Zusammen haben sie ein zu versteuerndes Jahreseinkommen von

27 000 Euro. Davon kassiert der Fiskus 1 912 Euro Einkommensteuer. Das ist ein Durchschnittssteuersatz von 7,1 Prozent und ein Grenzsteuersatz von 24 Prozent.

- Der **Durchschnittssteuersatz** ist der Steuersatz, den sich das Finanzamt einheitlich vom ersten bis zum letzten Euro des zu versteuernden Einkommens holt. Im Beispiel sind das 7,1 Prozent oder 7,1 Cent Einkommensteuer von jedem zu versteuernden Euro (siehe Tabelle Seite 161).
- Der **Grenzsteuersatz** ist der Steuersatz, mit dem der letzte Euro des zu versteuernden Einkommens besteuert wird. Im Beispiel ist das der 27 000ste Euro. Von dem gehen rund 24 Prozent an das Finanzamt, also 24 Cent oder mehr als das Dreifache des Durchschnittssteuersatzes. Die Ursache sind →Freibeträge und der Verlauf des Steuertarifs, der gerade im unteren Bereich steil ansteigt (siehe Tabelle Seite 161).
- Der **Eingangssteuersatz** des Steuertarifs beträgt 14 Prozent und wird auf zu versteuernde Einkommen oberhalb des Grundfreibetrags von 8 472/16 944 Euro angewendet (2015, Alleinstehende/→Ehe- und Lebenspartner).
- Der **Spitzensteuersatz** des Steuertarifs beläuft sich grundsätzlich auf 42 Prozent und wird auf zu versteuernde Einkommen ab 52 882/105 764 Euro angewendet (Alleinstehende/Ehe- und Lebenspartner).
- Der **Reichensteuersatz** von 45 Prozent gilt für zu versteuernde Einkommen ab 250 731/501 462 Euro (Alleinstehende/Ehe- und Lebenspartner).
- Den **besonderen Steuersatz** wendet das Finanzamt im Rahmen des sogenannten Progressionsvorbehalts an, um beispielsweise steuerfreie →Lohnersatzleistungen bei der Besteuerung zu berücksichtigen.
- Der **Abgeltungsteuersatz** von 25 Prozent gilt für Zinsen und andere →Kapitalerträge oberhalb des Sparerpauschbetrags.

Der relativ steile Anstieg des Einkommensteuersatzes führt dazu, dass der obere Teil des zu versteuernden Einkommens deutlich stärker belastet wird als der untere Teil. Er führt aber auch dazu, dass zusätzliche →Werbungskosten, →Betriebsausgaben und andere Abzugsbeträge die Steuerbelastung besonders stark senken. Darum ist es oft ertragreich, wenn →Arbeitnehmer freiwillig eine Steuererklärung abgeben. Sie verringern so ihre höchste Steuerbelastung, die immer im Bereich des Grenzsteuersatzes entsteht.

Sparer mit Zinsen und anderen Kapitalerträgen oberhalb des Sparerpauschbetrags von 801/1 602 Euro (Alleinstehende/Ehe- und Lebenspartner) sollten auch auf ihren Grenzsteuersatz achten. Wenn das zu versteuernde Einkommen ohne Kapitaleinkünfte unterhalb von rund 15 700/31 400 Euro liegt, ist der Grenzsteuersatz geringer als der Abgeltungsteuersatz von 25 Prozent (alleinstehend/verheiratet oder verpartnert). Dann lohnt sich in der Regel ein Antrag auf Günstigerprüfung per Steuererklärung und Anlage KAP. Sparer, die im Bereich des Grenzsteuersatzes von 25 Prozent liegen, sollten immer einen Antrag auf Günstigerprüfung stellen.

Tipp

Wem der →Altersentlastungsbetrag zusteht, der kann auch mit Grenzsteuersätzen über 25 Prozent Kapitalerträge oberhalb des Sparerpauschbetrags steuerfrei einnehmen (geht nur per Steuererklärung).

U

Umsatzsteuer

Mit 203 Milliarden Euro war die Umsatzsteuer (USt) 2014 die mit Abstand ertragsreichste Einnahmequelle des Staates. Sie wird auch als „Mehrwertsteuer" bezeichnet, englisch als Value Added Tax (VAT). Der allgemeine →Steuersatz, auch „Regelsteuersatz" genannt, beträgt derzeit 19 Prozent. Ausnahmen von dieser Regel unterliegen dem „ermäßigten Steuersatz" von 7 Prozent. Dazu gehören Lebensmittel und Zeitschriften, Bücher und Tierfutter, Nahverkehrsleistungen und Hotelübernachtungen. Einige Umsätze sind im Interesse des Endverbrauchers ganz steuerfrei, zum Beispiel die von Versicherungsvertretern, von Kultureinrichtungen wie Museen und Theatern oder von Ärzten. Zahler der Umsatzsteuer ist der Endverbraucher. Unternehmen funktionieren im Prinzip als unbezahlte, aber voll haftungspflichtige „Steuereintreiber" der Finanzverwaltung. Von mehr als zwei Millionen →Kleinunternehmern wird die Steuer allerdings „nicht erhoben". (Zum Thema Umsatzsteuer siehe auch →Existenzgründer, →Freiberufler, →Gewerbetreibende, →Kleinunternehmer.)

💡 Tipp

Muss die Umsatzsteuer aus einem Gesamtbetrag herausgerechnet werden, können Sie den Bruttobetrag durch 1,19 (Regelsteuersatz) oder durch 1,07 (ermäßigter Steuersatz) teilen und erhalten so den Nettobetrag.

Umzugskosten

Beruflich bedingte Umzugskosten gehören als →Werbungskosten oder →Betriebsausgaben in die →Steuererklärung. Berufliche Umzugsgründe sind etwa ein Arbeitsplatzwechsel, Versetzungen oder eine Firmenverlegung. Verkürzt ein Umzug den →Arbeitsweg um mindestens eine Stunde pro Tag, gilt er ebenfalls als berufsbedingt. Das kann auch ein Wohnungswechsel innerhalb eines Ortes sein, wenn dadurch eine wesentliche Verkürzung des Arbeitswegs eintritt. Die muss nicht immer mindestens eine Stunde betragen. Die Zeitersparnis kann auch darunter liegen, zum Beispiel, wenn es sich um den Einzug in eine Dienstwohnung handelt oder um den Wegzug von dort, oder wenn der Betrieb bei häufigen Bereitschaftsdiensten nach einem Umzug in wenigen Minuten zu Fuß erreichbar ist. Es kommt also ab und zu auf einen Versuch an.

Folgende Kostengruppen dürfen die Umzügler als Werbungskosten oder Betriebsausgaben geltend machen:

- Beförderungskosten: Das sind die Transportkosten des Umzugsguts, inklusive Verpackung, Versicherung, Trinkgeld, der Aufwand für Transportschäden oder den Ersatz von verschollenem Hausrat.
- →Reisekosten: Fahrt-, Übernachtungs- und Verpflegungskosten während des eigentlichen Umzugs können wie bei Auswärtstätigkeit geltend gemacht werden. Von den auf Wohnungssuche angefallenen Reisekosten übernimmt das Finanzamt in der Regel nur Ausgaben für zwei Reisen einer Person oder von einer Reise zweier Personen zum preiswertesten Tarif der öffentlichen Verkehrsmittel.
- Mietentschädigung: Muss beispielsweise jemand bereits für die neue Wohnung Miete zahlen, aber für die alte auch noch, kann er die alte Miete bis zur Kündigung in der Regel weiter absetzen.
- Andere Umzugskosten: Das sind Aufwendungen für Makler, Inserate, Telefon, Porto und andere Verbindungskosten, die für die Vermittlung der alten Mietwohnung oder die Wohnungssuche angefallen sind. Bei einer Eigentumswoh-

Umzugspauschalen

Sogar der Nachhilfeunterricht wird gefördert.

	Umzug ab 1. 3. 2014	Umzug ab 1. 3. 2015
Ehe-/Lebenspartner	1 429 Euro	1 460 Euro
Alleinstehende*	715 Euro	730 Euro
Haushaltsangehörige**	315 Euro	322 Euro
Nachhilfeunterricht pro Kind	1 802 Euro	1 841 Euro

* Verwitwete, Geschiedene und Alleinstehende, die mit Angehörigen umgezogen sind, werden wie Ehepaare/Lebenspartner behandelt.
** Der Betrag gilt pro Kind, Verwandte oder andere Person, die zur häuslichen Gemeinschaft gehört und mit umzog.

nung zählen nur die Aufwendungen für eine vergleichbare Mietwohnung. Nachhilfeunterricht erkennt das Amt bis 1841 Euro pro Kind an (Umzug ab 1. März 2015).
- Sonstige Umzugskosten: Das sind zum Beispiel Aufwendungen wie die Anpassung von Gardinenstangen, Schönheitsreparaturen in der alten Wohnung, Kosten des Telefon- und Kabelanschlusses oder Ummeldegebühren für den Personalausweis und das Auto. Wer hier mit den Pauschalen für sonstige Umzugskosten auskommt, ist schnell und unbürokratisch fertig (siehe Tabelle Seite 137). (Siehe auch →Haushaltsnahe Dienstleistungen, →Reisekosten.)

Tipp
Auch wenn ein Umzug nichts mit der Arbeit zu tun hat, lassen sich Umzugskosten als →haushaltsnahe Dienstleistung geltend machen.

Unterhalt
Unterhaltszahlungen an andere Menschen können als →Sonderausgaben oder als →außergewöhnliche Belastung absetzbar sein. Wer seinen getrennt lebenden oder geschiedenen →Ehe-/Lebenspartner unterstützt, kann dafür jährlich bis zu 13 805 Euro als Sonderausgaben absetzen. Diese Möglichkeit ist auch unter dem Begriff Real-Splitting bekannt. Es funktioniert nur mit Zustimmung des Unterstützten, er muss die erforderliche „Anlage U" mit unterschreiben. Zusätzlich zum Höchstbetrag von 13 805 Euro darf der Unterstützer Beiträge zur →Krankenversicherung und →Pflegeversicherung des Expartners als Sonderausgaben geltend machen. Die Höhe dieser Beiträge ist nicht begrenzt. Wie viel Einkommen oder Vermögen der Unterhaltsempfänger hat, spielt für den Sonderausgabenabzug keine Rolle. Wenn sich die nunmehr getrennten Partner auf eine faire Verteilung des Steuervorteils einigen können, bringt das Real-Splitting beiden Vorteile.

Tipp
Die Unterstützung erfolgt in der Regel als Geldleistung. Abzugsfähig

sind aber auch Sachleistungen, wie zum Beispiel die Überlassung einer Wohnung.

Beim Empfänger sind die Unterhaltszahlungen als →sonstige Einkünfte steuerpflichtig. Das gilt auch für zusätzlich gezahlte Beiträge zur Krankenversicherung und Pflegeversicherung. Nicht nur der Zahler, sondern auch der Empfänger, kann die Beiträge als eigene Sonderausgaben absetzen.

Unterhaltszahlungen können auch außergewöhnliche Belastungen sein. Der begünstigte Empfängerkreis ist dabei deutlich größer. Neben ehemaligen Ehe-/Lebenspartnern können dazu auch andere unterhaltsberechtigte →Angehörige gehören, zum Beispiel →Kinder oder Enkel, Eltern oder Großeltern. Zahlungen an Kinder sind in der Regel nur begünstigt, wenn sie erwachsen sind und keine Kinderförderung mehr erhalten. Auch Zahlungen an Menschen, die nicht unterhaltsberechtigt sind, können ausnahmsweise gefördert werden, etwa an Lebenspartner ohne Trauschein, denen wegen der Partnerschaft staatliche Zuwendungen wie Sozialhilfe gekürzt oder gestrichen wurden.

Förderfähig ist Hilfe zum Lebensunterhalt, etwa für Nahrung, Kleidung, Unterkunft oder Ausbildung. Dafür dürfen Unterhaltszahler 2015 bis zu 8 472 Euro pro unterstützten Haushalt als außergewöhnliche Belastung geltend machen. Zusätzlich zu diesem Betrag können Zahler von ihnen übernommene Beiträge zur Krankenversicherung und Pflegeversicherung des Unterstützten absetzen. Sie müssen die „Anlage Unterhalt" ausfüllen.

Eine Voraussetzung für die Anerkennung von Unterstützungszahlungen ist die „Bedürftigkeit" der Empfänger. Darunter versteht das Finanzamt, dass das vorhandene Vermögen 15 500 Euro nicht übersteigen darf. Selbst genutztes Wohneigentum zählt bei dieser Grenze in der Regel nicht mit, solange es sich um eine übliche Unterkunft und nicht um eine Luxusherberge handelt. Auch die eigenen →Einkünfte und Bezüge des Unterstützten müssen gering sein, jeder Euro oberhalb von 624 Euro im Jahr verringert den absetzbaren Höchstbetrag. Angerechnet wird fast alles, was dem Unterstützten an Geld- oder Sachleistungen zufließt, auch Sozial-/ →Lohnersatzleistungen wie beispielsweise Elterngeld, Lohn aus einem Minijob oder Zinsen unterhalb des Sparerpauschbetrags.

Beispiel
Ulrike und Ulli Unke zahlten im Jahr 2015 ihrem Sohn Urs 8 472 Euro Unterhalt. Sie bekommen für Urs kein Kindergeld mehr, da er bereits 28 ist. Er studiert und verdiente sich als angestellter Kellner 3 000 Euro dazu. Vermögen oder andere Einkünfte hat er nicht.

Die Eltern dürfen maximal 8 472 Euro Unterhalt geltend machen. Dieser Betrag verringert sich um die →Einkünfte des Sohnes. Das sind in diesem Fall 1 376 Euro (3 000 minus 1 000 Euro →Arbeitnehmerpauschbetrag minus 624 Euro anrechnungsfreier Betrag). Von den gezahlten 8 472 Euro Unterhalt wirken sich bei den Eltern 7 096 Euro als außergewöhnliche Belastung aus (8 472 minus 1 376). Je höher die Einkünfte eines Unterstützten sind, umso weniger darf ein Unterstützer absetzen. Bei 9 096 Euro ist Schluss (8 472 plus 624). Für Unterhaltszahlungen an Menschen im Ausland gelten andere Regeln und Nachweispflichten. Wie viel Unterhalt abzugsfähig ist, lässt sich mithilfe der →Ländergruppen ermitteln.

Tipp
Als Unterhalt gelten auch Sachleistungen. Lebt die unterstützte Person im Haushalt des Unterstützers, geht das Amt ohne Nachweis davon aus, dass Unterhaltsaufwand bis zum absetzbaren Höchstbetrag entstanden ist.

V

Verluste
Im richtigen Leben sind Verluste in der Regel nichts Gutes. Bei der Steuer können sich Verluste vorteilhaft

auswirken, weil sie nach Verrechnung mit positiven →Einkünften die Steuerschuld insgesamt drücken können. Verluste entstehen häufig bei der →Vermietung von Wohn- und Gewerbe-Immobilien, manchmal bei →Kapitalerträgen. Auch →Freiberufler, →Gewerbetreibende und Landwirte haben öfter damit zu tun. In solchen Bereichen ist in der Regel professionelle →Steuerberatung zweckmäßig.

→Arbeitnehmer, →Rentner oder →Pensionäre ohne Umsätze aus den gerade genannten Bereichen haben mit steuerlichen Verlusten relativ wenig zu schaffen. Es kann sie dennoch betreffen, beispielsweise wenn Arbeitnehmer wegen einer Ausbildung oder Umschulung hohe →Ausbildungskosten haben, die sie als →Werbungskosten geltend machen können, gleichzeitig aber wegen der Bildungsmaßnahme wenig oder nichts verdienen.

Auch bei Arbeitnehmern und →Arbeitslosen mit hohen →Bewerbungskosten können Verluste entstehen. Die Verarbeitung von Verlusten erfolgt über mehrere Stufen.

Bei Arbeitnehmern läuft das in etwa so:
- Zunächst werden aus Löhnen und Werbungskosten die Einkünfte aus nichtselbstständiger Arbeit ermittelt. Man bewegt sich dabei zunächst nur innerhalb eines Jahres und nur innerhalb einer Einkunftsart. Das nennt sich „horizontaler Verlustausgleich".
- Ergibt der horizontale Verlustausgleich beispielsweise 3 000 Euro Verlust, erfolgt ein Ausgleich innerhalb eines Jahres zwischen verschiedenen Einkunftsarten. Das heißt „vertikaler Verlustausgleich". Hat der Arbeitnehmer aber keine anderen Einkünfte, bleibt ein Verlust von 3 000 Euro. Er muss sich in diesem Fall auch nicht um Begrenzungen oder Einschränkungen bei der Verlustverrechnung zwischen den Einkunftsarten kümmern.
- Die 3 000 Euro können in einem nächsten Schritt mit Einkünften des Vorjahres verrechnet werden. Das heißt „Verlustrücktrag". Das Finanzamt führt ihn durch, wenn das Vorjahr genügend Verrech-

nungspotenzial in Form von positiven Einkünften bietet und der Arbeitnehmer den Rücktrag nicht ganz oder teilweise verhindert. Das kann er auf dem Mantelbogen der →Steuererklärung. Eine Begrenzung des Rücktrags kann dann sinnvoll sein, wenn der Arbeitnehmer den Verlust lieber in kommenden Jahren nutzen möchte, weil er dann höhere Einkünfte erwartet.

- Bleibt nach einem Rücktrag (oder auch wegen dessen Verweigerung) weiterhin ein Verlust übrig, kann der per „Verlustvortrag" mit positiven Einkünften des folgenden Kalenderjahres verrechnet werden. Wenn das scheitert, kann der Verlust ohne zeitliche Begrenzung von Jahr zu Jahr fortgeschrieben werden.

Tipp

Das Finanzamt erkennt nur Verluste an, die es selber festgestellt hat. Um das zu erreichen, ist die Abgabe einer Steuererklärung erforderlich. Bei höheren Verlusten und bei Verlustverrechnungen zwischen unterschiedlichen Einkunftsarten ist →Steuerberatung geboten.

Vermietung

Die meisten Vermieter sind Eigentümer von Wohn- oder Gewerbeimmobilien und erzielen →Einkünfte aus Vermietung und Verpachtung. Wer das unfallfrei allein schaffen will, muss sich gut auskennen und immer am Ball bleiben, denn auf diesem Gebiet sind Gesetzgebung, Verwaltung und Rechtsprechung besonders aktiv. Hier sollte in der Regel eine professionelle →Steuerberatung helfen. Geht es um die dauerhafte Vermietung einer Eigentumswohnung oder eines Einfamilienhauses, bekommen das viele Vermieter mit der Zeit auch allein hin oder mit gelegentlicher Profihilfe.

Wer nur gelegentlich vermietet oder untervermietet, kann mit Zustimmung des Finanzamts bis 520 Euro Miete im Jahr steuerfrei einnehmen. Das ist aber eine Freigrenze und kein →Freibetrag. Ein Euro mehr macht die gesamte Miete steuerpflichtig.

Haben →Arbeitnehmer, Beamte oder →Pensionäre Vermietungseinkünfte bis 410 Euro pro Jahr, bleiben die im Rahmen des →Härteausgleichs steuerfrei. Die Abgabe einer →Steuererklärung ist bei Einkünften in diesem Bereich auch nicht erforderlich. Bis 820 Euro wird milder besteuert.

Tipp

Vermieter können in bestimmten Fällen auch nach Beendigung ihrer Vermietungstätigkeit „nachträgliche →Werbungskosten" geltend machen, beispielsweise Schuldzinsen, die im objektiven Zusammenhang mit der früheren Vermietung stehen.

Verlangt ein Vermieter von seinem Mieter mindestens zwei Drittel der ortsüblichen Marktmiete (66 Prozent), darf er alle Werbungskosten geltend machen. Liegt die Miete darunter, darf er nur im Verhältnis zur Höhe der verlangten Miete Werbungskosten geltend machen. Wer beispielsweise nur die Hälfte der ortsüblichen Marktmiete verlangt, darf auch nur die Hälfte seiner Werbungskosten absetzen. Bei Vermietung an →Angehörige sollten Vermieter einen schriftlichen Mietvertrag abschließen, der einem Vertrag zwischen Fremden entspricht. Auch Nebenkosten sollten wie unter Fremden abgerechnet werden.

Aufwendungen für Baumaßnahmen können Vermieter als Werbungskosten absetzen. Wie hoch der Steuervorteil ausfällt, hängt aber davon ab, ob die Maßnahmen als Modernisierung, Renovierung, Instandsetzung oder als Herstellung zu bewerten sind.

Bei Herstellungsaufwand ist die →AfA über die gesamte Nutzungsdauer des Gebäudes zu verteilen. Kosten für Modernisierung, Renovierung und Instandsetzung sind in der Regel auf einen Schlag oder wahlweise gleichmäßig über einen Zeitraum von zwei bis fünf Jahren absetzbar. Es gibt eine Ausnahme: Bei kleinem Herstellungsaufwand, der unter 4 000 Euro bleibt, ist dieser ebenfalls sofort absetzbar oder kann auf bis zu fünf Jahre verteilt werden.

Kann ein Vermieter für seine Ferienimmobilie nur 75 Prozent oder noch weniger der „ortsüblichen Vermietungszeit" nachweisen, wird eine Prognose über 30 Jahre fällig. Sie soll Aufschluss darüber geben, ob langfristig ein Überschuss der Mieteinnahmen über die →Werbungskosten zu erwarten ist. Falls nicht, fallen die →Verluste dem Rotstift zum Opfer.

Vermögenswirksame Leistungen

→Arbeitnehmer können auf bestimmte Vermögensanlagen eine staatliche Förderung in Form der Arbeitnehmer-Sparzulage erhalten. Die Einzelheiten regeln das „Vermögensbildungsgesetz" sowie Tarif- und Arbeitsverträge. Diese Begünstigung gilt für zwei Arten von vermögenswirksamen Leistungen (VL), die nebeneinander nutzbar sind.

Für VL zum Wohnungsbau gibt es eine Arbeitnehmer-Sparzulage von 9 Prozent auf höchstens 470 Euro. Das sind also (aufgerundet) bis 43 Euro im Jahr (470 mal 9 Prozent). Begünstigt sind Bausparverträge, Anteile von Wohnungsbaugenossenschaften oder Darlehenstilgungen. Voraussetzung ist, dass das zu versteuernde Einkommen 17 900/35 800 Euro nicht übersteigt (Alleinstehende/Ehepaare und Lebenspartner). →Kinderfreibeträge erhöhen diese Einkommensgrenzen. So dürfen zum Beispiel →Ehe-/Lebenspartner mit zwei Kindern ein zu versteuerndes Einkommen von bis zu 50 105 Euro haben (35 800 Grenzbetrag plus zweimal 7 152 Euro Kinderfreibetrag einschließlich Betreuungsfreibetrag).

Für VL zu Vermögensbeteiligungen gibt es eine Arbeitnehmer-Sparzulage von 20 Prozent auf höchstens 400 Euro. Das ergibt höchstens 80 Euro im Jahr (400 mal 20 Prozent). Begünstigt sind Aktien, andere Wertpapiere und Beteiligungen, die im „Vermögensbildungsgesetz" festgelegt sind. Voraussetzung ist, dass das zu versteuernde Einkommen den hier etwas höheren Grenzbetrag von 20 000/40 000 Euro nicht übersteigt (Alleinstehende/Ehepaare und Lebenspartner). Wie bei der

Wohnungsbauförderung erhöhen Kinderfreibeträge die Einkommensgrenzen.

💡 Tipp

Um VL zu beantragen, kreuzen Arbeitnehmer in Zeile 1 des Mantelbogens oder der "Vereinfachten →Steuererklärung für Arbeitnehmer" das rechte Kästchen an. Sie müssen den Papierbeleg, den sie vom Anlageunternehmen erhalten haben, weiterhin beilegen, weil die elektronische Übermittlung noch nicht funktioniert.

Vermögenswirksame Leistungen zum Wohnungsbau können ausschließlich →Arbeitnehmer nutzen. Eine andere Förderung, die Wohnungsbauprämie, steht im Prinzip allen Bausparern zu. Nach dem „Wohnungsbau-Prämiengesetz" beläuft sich die Wohnungsbauprämie auf 8,8 Prozent von maximal 512 Euro Bausparleistung im Jahr. Damit können bis zu 45,06 Euro Förderung im Jahr zusammenkommen (512 mal 8,8 Prozent). Eine Wohnungsbauprämie zahlt der Staat aber nur, wenn das zu versteuernde Einkommen 25 600 Euro im Jahr nicht überschreitet. Wie bei den vermögenswirksamen Leistungen erhöhen Kinder die Einkommensgrenze. Für Ehe-/Lebenspartner kann sich die förderfähige Bausparleistung auf bis zu 1024 Euro erhöhen, die Wohnungsbauprämie auf 90,11 Euro und die Einkommensgrenze auf 51 200 Euro. (Siehe auch →Arbeitgeberleistungen, →Steuererklärung.)

Versicherungsbeiträge

Die meisten Versicherungen dienen der Absicherung privater Risiken. Trotzdem sind Beiträge zu vielen Versicherungen teilweise als →Sonderausgaben steuerlich absetzbar. Das Finanzamt sieht in ihnen förderwürdige private Vorsorgeaufwendungen. Die lassen sich grob in drei Gruppen unterteilen:

1 Versicherungsbeiträge, die einer Basisversorgung im Alter dienen,
2 Versicherungsbeiträge, die einer Basisabsicherung in der →Krankenversicherung und in der →Pflegeversicherung dienen,

3 weitere Versicherungsbeiträge, die als Vorsorgeaufwendungen absetzbar sein können.

Zur 1. Gruppe gehören seit 2005 die Beiträge zur gesetzlichen Rentenversicherung, zu berufsständischen Versorgungswerken und zu einer privaten Basisrente, auch „Rürup-Rente" genannt. Wie die Förderung genau funktioniert, steht unter dem Stichwort →Altersvorsorge.

In diesen Rahmen mit der Obergrenze von 22172 Euro im Jahr 2015 gehören seit 2014 auch Beiträge zu neu entwickelten privaten Berufsunfähigkeits- und Erwerbsunfähigkeitsversicherungen. Die sollen unter anderem eine lebenslange Rentenzahlung garantieren, sind bisher aber kaum am Markt.

Zur 2. Gruppe gehören seit 2010 alle Beiträge zu einer Basisabsicherung in der gesetzlichen und privaten Pflegeversicherung und fast alle Beiträge zu einer Basisabsicherung in der gesetzlichen und privaten Krankenversicherung. Basisabsicherung bedeutet für das Finanzamt die üblichen Leistungen der gesetzlichen Kassen. Wenn Beitragszahlungen Leistungen absichern, die darüber hinausgehen, etwa für ein Einzelzimmer im Krankenhaus oder für eine Krankentagegeldversicherung, sind die nicht im Rahmen der Basisabsicherung absetzbar, sondern in der 3. Gruppe.

Zur 3. Gruppe gehören die restlichen absetzbaren Versicherungsbeiträge. Gemessen an der Anzahl ist es ein großer „Rest". Gemessen an der steuerlichen Auswirkung, geht es in der 3. Gruppe eher bescheiden zu. Grund dafür sind zwei Obergrenzen. →Arbeitnehmer, →Beamte, →Pensionäre, →Rentner und alle anderen, die Beitragszuschüsse erhalten, etwa vom Arbeitgeber oder von der Krankenversicherung der Rentner, dürfen Versicherungsbeiträge aus der 2. und der 3. Gruppe zusammengenommen bis zu einer Obergrenze von 1900 Euro im Jahr absetzen.

Für Selbstständige oder andere Menschen, die ihre Beiträge voll aus eigener Tasche zahlen müssen, gilt eine Obergrenze von 2 800 Euro. → Ehe-/Lebenspartner dürfen jeweils doppelt so viel absetzen. Die meisten Erwerbstätigen schöpfen allein mit Kranken- und Pflegeversicherungsbeiträgen die Obergrenzen voll aus.

Für Versicherungsbeiträge der 3. Gruppe bleibt kein Spielraum. So zahlt beispielsweise ein pflichtversicherter, alleinstehender und kinderloser Arbeitnehmer, der mit 21 000 Euro einen unterdurchschnittlichen Jahresbruttolohn bezieht, über 1 900 Euro Beiträge zur Kranken- und Pflegeversicherung.

Vor allem Ruheständler, Selbstständige, Geringverdiener oder Einverdiener-Partnerschaften haben manchmal Spielraum, um Versicherungsbeiträge der 3. Gruppe im Rahmen der Obergrenzen als Sonderausgaben abzusetzen. Für manche lohnt sich auch die Altregelung, die bis 2004 galt und die noch bis 2019 genutzt werden kann (siehe unter dem Stichwort „Krankenversicherung" und die Tabelle auf Seite 91). Wer die Möglichkeit hat, kann für sich und andere Beiträge zu den folgenden Versicherungen steuerlich geltend machen.

- Arbeitslosenversicherung (gesetzliche und freiwillige),
- Ausbildungsversicherung, wenn sie die Bedingungen für abzugsfähige Kapitallebensversicherungen erfüllt (siehe weiter unten),
- Auslandsreisekrankenversicherung,
- Aussteuerversicherung, wenn sie die Bedingungen für abzugsfähige Kapitallebensversicherungen erfüllt (siehe weiter unten),
- Berufs- und Erwerbsunfähigkeitsversicherung, deren Beiträge nicht im Rahmen der Altersvorsorge abzugsfähig sind (siehe oben unter „1. Gruppe"). Wurde die Versicherung im Rahmen von anderen Versicherungen abgeschlossen, zum Beispiel von Kapitallebensversicherungen, sind Beiträge nur begünstigt, wenn auch die Beiträge der Rahmenversicherung begünstigt sind.
- Haftpflichtversicherungen, zum Beispiel Kfz-, Privat- oder Tierhalter-Haftpflicht,

- Kapitallebensversicherung, wenn die Versicherung vor 2005 abgeschlossen wurde, mindestens 12 Jahre läuft und alle anderen Voraussetzungen erfüllt, erkennt das Finanzamt 88 Prozent der Beiträge als Sonderausgaben an, fondsgebundene Versicherungen und solche gegen Einmalzahlung sind nicht begünstigt,
- Krankenhaustagegeldversicherung,
- Krankentagegeldversicherung,
- Krankenversicherung außerhalb der Basisabsicherung (siehe oben unter „2. Gruppe"),
- Pflegeversicherung außerhalb der Basisabsicherung (siehe oben unter „2. Gruppe"),
- Rentenversicherung (private Versicherungen mit und ohne Kapitalwahlrecht, wenn sie die weiter oben unter Kapitallebensversicherung aufgeführten Bedingungen erfüllen),
- Risikolebensversicherung,
- Unfallversicherung (bei garantierter Prämienrückzahlung werden sie wie Kapitallebensversicherung behandelt).

Tipp

Geben Sie in der →Steuererklärung immer alle abzugsfähigen Beiträge zu den hier aufgeführten Versicherungen an. Die Einschränkung ihrer Abzugsfähigkeit ist umstritten, →Steuerbescheide muss das Finanzamt derzeit offenlassen (siehe auch Seite 17).

Weitere Informationen zu den Versicherungsbeiträgen finden Sie auch unter den Begriffen →Altersvorsorge, →Krankenversicherung, →Pflegeversicherung.

Vorsorgepauschale

Die Vorsorgepauschale ist ein Betrag, der den laufenden Lohnsteuerabzug des →Arbeitnehmers verringert. Der Arbeitgeber berücksichtigt mit der Vorsorgepauschale Beiträge des Arbeitnehmers zur Rentenversicherung, →Krankenversicherung und →Pflegeversicherung. Die Pauschale besteht aus drei Teilbeiträgen.

Im Jahr 2015 beläuft sich der Teilbetrag Rentenversicherung auf 60 Prozent des Arbeitnehmeranteils zur Rentenversicherung. Berechnungsgrundlage ist der Arbeitslohn. Bei einem Jahresarbeitslohn von beispielsweise 40 000 Euro berücksichtigt der Arbeitgeber 2 244 Euro als Teilbetrag Rentenversicherung (40 000 Euro Jahresbruttolohn mal 9,35 Prozent Arbeitnehmeranteil zur Rentenversicherung mal 60 Prozent, aufgerundet). Der abzugsfähige Teilbetrag Rentenversicherung steigt jedes Jahr 4 Prozent, 2025 erreicht er 100 Prozent (siehe Tabelle Seite 155).

Für die Teilbeträge Krankenversicherung und Pflegeversicherung gibt es eine Mindestpauschale. Sie beträgt 12 Prozent des Arbeitslohns, höchstens 1 900 Euro in den →Lohnsteuerklassen I, II, IV, V und VI sowie höchstens 3 000 Euro in Steuerklasse III. Sind die tatsächlich geleisteten Beiträge für die gesetzliche Kranken- und Pflegeversicherung höher, berücksichtigt der Arbeitgeber anstelle der Mindestvorsorgepauschale die höheren Beiträge. Das gilt auch für höhere Beiträge zur privaten Kranken- und Pflegeversicherung, wenn der Arbeitnehmer dem Arbeitgeber dafür entsprechende Bescheinigungen vorgelegt hat. (Siehe auch →Altersvorsorge, →Krankenversicherung, →Pflegeversicherung, →Versicherungsbeiträge.)

Tipp
Arbeitnehmer können sich ihre Vorsorgeaufwendungen oberhalb der Vorsorgepauschale nur per →Steuererklärung zurückholen. Haben sie weniger gezahlt als die vom Arbeitgeber berücksichtigte Vorsorgepauschale, müssen sie in der Regel eine Steuererklärung abgeben.

W

Werbungskosten

Werbungskosten sind erwerbsbedingte Aufwendungen. Der Unterschied zu den →Betriebsausgaben liegt eigentlich nur in der Bezeichnung.

Das Steuerrecht kennt sieben unterschiedliche Arten von →Einkünften und teilt sie in zwei Gruppen ein. Drei Einkunftsarten bilden die sogenannten Gewinneinkünfte. Das sind die Einkünfte aus Land- und Forstwirtschaft, Gewerbebetrieb und selbstständiger Arbeit. Bei den drei Gewinneinkünften heißen die erwerbsbedingten Aufwendungen „Betriebsausgaben".

Die vier anderen Einkunftsarten bilden die sogenannten Überschusseinkünfte. Das sind
- Einkünfte aus einer sogenannten nichtselbstständigen Arbeit (diese haben vor allem →Arbeitnehmer und →Beamte sowie →Pensionäre),
- Einkünfte aus Kapitalvermögen,
- Einkünfte aus Vermietung und Verpachtung sowie
- →Sonstige Einkünfte, deren weitaus wichtigster Bestandteil die Renteneinkünfte sind.

Bei den vier Überschusseinkünften heißen die erwerbsbedingten Aufwendungen Werbungskosten. Die Überschüsse ergeben sich aus der Rechnung Einnahmen minus Werbungskosten. Für drei Überschusseinkünfte gibt es Werbungskostenpauschalen. Arbeitnehmer können den →Arbeitnehmerpauschbetrag von 1 000 Euro im Jahr nutzen. Der wird mit 83,33 Euro im Monat in den →Lohnsteuerklassen I bis V bereits beim laufenden Lohnsteuerabzug berücksichtigt. Höhere Werbungskosten sind in der Regel voll absetzbar, soweit sie der Arbeitgeber nicht erstattet.

Die wichtigsten Werbungskostenarten für →Arbeitnehmer werden in diesem Ratgeber unter den Stichworten →Arbeitsmittel, →Arbeitsweg, →Arbeitszimmer, →Ausbildungskosten, →Bewerbungskosten, →doppelte Haushaltsführung, →Reisekosten, →Steuerberatung und →Umzugskosten behandelt. Hinzu können noch Beiträge für Gewerkschaften und Berufsverbände, Kontoführungsgebühren, Bewirtungsaufwendungen oder auch Beiträge zu einer Rechtsschutzversicherung kommen, soweit sie den Berufsrechtsschutz absichert.

Tipp

Auch „vorweggenommene Werbungskosten" können abzugsfähig sein. Wenn beispielsweise Arbeitnehmer hohe Ausbildungskosten oder Bewerbungskosten haben, aber kaum Einkünfte, kann ein →Verlust entstehen, der mit anderen Einkünften verrechenbar ist.

Für Sparer und Anleger heißt die Werbungskostenpauschale Sparerpauschbetrag. Er beläuft sich seit Einführung der Abgeltungsteuer 2009 auf 801 Euro und verdoppelt sich für →Ehe-/Lebenspartner auf 1602 Euro. Nach Ansicht der Finanzverwaltung sind mit der Pauschale sämtliche Werbungskosten abgegolten, die im Zusammenhang mit privaten →Kapitalerträgen angefallen sind, zum Beispiel Depotgebühren, Beratungskosten oder Schuldzinsen, die bei kreditfinanzierten Anlageprodukten entstehen.

Viele Steuerexperten sprechen sich gegen die Begrenzung der Werbungskosten auf den Sparerpauschbetrag aus. Es gab in diesem Zusammenhang eine Reihe von Prozessen, in denen →Finanzgerichte unterschiedlich urteilten. Bisher bestätigte der Bundesfinanzhof (BFH) allerdings die Position der Finanzverwaltung. Es laufen aber weitere Prozesse. Zu Redaktionsschluss gab es ein beim BFH anhängiges Verfahren (Aktenzeichen IX R 48/14). Dort geht es unter anderem um die Frage, ob der mit der Abgeltungsteuer eingeführte Sparerpauschbetrag gegen das Leistungsfähigkeitsprinzip verstößt. Betroffene können unter Berufung auf das Aktenzeichen Einspruch gegen ihren →Steuerbescheid einlegen und ohne weiteren Aufwand ein Ruhen des Verfahrens beantragen.

→Rentner und Pensionäre können eine Werbungskostenpauschale von 102 Euro nutzen. Haben sie höhere Ausgaben, zum Beispiel für den Rentenantrag, eine Rentenberatung oder für einen Rechtsstreit um Rente oder Pension, sind die ohne Begrenzung absetzbar. Pensionären steht zusätzlich ein Versorgungsfreibetrag mit Zuschlag zur Verfügung (siehe Tabelle Seite 157). (Mehr zu den Werbungskosten finden Sie auch unter den Begriffen →Arbeitnehmerpauschbetrag, →Betriebsausgaben, →Einkünfte, →Rentenbesteuerung, →Kapitalerträge, →Verluste, →Vermietung.)

Z

Zumutbare Belastung

Unter zumutbarer Belastung versteht das Finanzamt einen bestimmten Kostenanteil, den es dem Bürger „zumutet", bevor es selbst hilft. Diesen Kostenanteil verlangt das Amt im Rahmen einiger →außergewöhnlicher Belastungen. Dazu gehören zum Beispiel →Krankheitskosten, Ausgaben für die Wiederbeschaffung von Hausrat und Kleidung nach Feuer, Diebstahl oder Naturkatastrophen oder Aufwendungen für die Beseitigung von Schadstoffen in Haus und Wohnung.

Ob die zumutbare Belastung den Abzug von Krankheitskosten überhaupt einschränken darf, muss der Bundesfinanzhof entscheiden. →Steuerbescheide lässt das Finanzamt bis zu einer Entscheidung des obersten deutschen Steuergerichts in diesem Punkt von sich aus offen (siehe auch Seite 17). Steuerexperten schließen nicht aus, dass sich danach auch noch das Bundesverfassungsgericht mit diesem Problem befassen muss.

Wie viel das Finanzamt für zumutbar hält, richtet sich nach der Höhe der →Einkünfte und der familiären Situation der Betroffenen. Die Zumutung bewegt sich zwischen 1 und 7 Prozent des Gesamtbetrags der Einkünfte und wird mithilfe der Tabelle links berechnet. Zinsen und andere →Kapitalerträge, die mit der Abgeltungsteuer besteuert wurden, bleiben bei der Berechnung des Gesamtbetrags der Einkünfte unberücksichtigt. Gleiches gilt für steuerfreie Veräußerungsgewinne und steuerfreie Auslandsgewinne. Das ist gut für die Betroffenen, denn die Berechnungsgrundlage für die zumutbare Belastung sinkt. Bei Anwendung des persönlichen →Steuersatzes erhöhen Kapitalerträge die zumutbare Belastung aber weiterhin. (Siehe auch →Außergewöhnliche Belastungen,

Zumutbare Belastungen

Eltern sind hier weniger belastet.

Gesamtbetrag der Einkünfte	ohne Kinder		mit Kindern	
	alleinstehend	verheiratet/ verpartnert*	1 bis 2 Kinder	mehr als 2 Kinder
bis 15 340 Euro	5 Prozent	4 Prozent	2 Prozent	1 Prozent
15 341 bis 51 130 Euro	6 Prozent	5 Prozent	3 Prozent	1 Prozent
mehr als 51 130 Euro	7 Prozent	6 Prozent	4 Prozent	2 Prozent

* Bei Abgabe einer gemeinsamen Steuererklärung (Zusammenveranlagung), bei Einzelveranlagung gelten in der Regel die Werte für Alleinstehende.

→Einkünfte, →Kapitalerträge, →Krankheitskosten.)

Beispiel

Veronika und Valentin Vogel sind verheiratet. Sie haben zwei minderjährige Kinder und geben eine gemeinsame →Steuererklärung ab. Das Finanzamt ermittelte einen Gesamtbetrag der Einkünfte von 35 000 Euro. In der linken Spalte der Tabelle auf Seite 152 trifft damit der mittlere Wert von „15 341 bis 51 130 Euro" auf sie zu und in der 4. Spalte von links „1–2 Kinder". Damit beträgt die zumutbare Belastung 3 Prozent vom Gesamtbetrag der Einkünfte. Familie Vogel müsste also 1 050 Euro Krankheitskosten selber schultern, bevor das Finanzamt hilft (35 000 mal 3 Prozent).

Altersentlastungsbetrag (siehe ab Seite 32)

Jahr	Prozent	bis Euro	Jahr	Prozent	bis Euro
2005	40	1 900	2023	13,6	646
2006	38,4	1 824	2024	12,8	608
2007	36,8	1 748	2025	12	570
2008	35,2	1 672	2026	11,2	532
2009	33,6	1 596	2027	10,4	494
2010	32	1 520	2028	9,6	456
2011	30,4	1 444	2029	8,8	418
2012	28,8	1 368	2030	8	380
2013	27,2	1 292	2031	7,2	342
2014	25,6	1 216	2032	6,4	304
2015	24	1 140	2033	5,6	266
2016	22,4	1 064	2034	4,8	228
2017	20,8	988	2035	4	190
2018	19,2	912	2036	3,2	152
2019	17,6	836	2037	2,4	114
2020	16	760	2038	1,6	76
2021	15,2	722	2039	0,8	38
2022	14,4	684	2040	0	0

Abzugsfähiger Altersvorsorgeaufwand (siehe ab Seite 33)

Jahr	Abzugsfähig Teil in Prozent insgesamt	Abzugsfähiger Arbeitnehmerbeitrag zur Rentenversicherung in Prozent
2010	70	40
2011	72	44
2012	74	48
2013	76	52
2014	78	56
2015	80	60
2016	82	64
2017	84	68
2018	86	72
2019	88	76
2020	90	80
2021	92	84
2022	94	88
2023	96	92
2024	98	96
2025	100	100

Midijobs 2015 (siehe ab Seite 105)

Brutto-lohn im Monat in Euro	Sozialversiche-rungs-Beitrag des Arbeitnehmers in Euro	Lohnsteuer und Solidaritäts-zuschlag in Euro		Nettolohn in Euro	
		Lohnsteuerklasse		Lohnsteuerklasse	
		I, II, III, IV	V	I, II, III, IV	V
450,01	49	0	40	401	361
480	58	0	43	422	378
500	65	0	46	435	389
550	80	0	51	470	418
600	96	0	57	504	447
650	111	0	63	539	476
700	127	0	69	573	504
750	143	0	74	607	533
800	158	0	80	642	561
850	174	0	86	676	589

Versorgungsfreibetrag für Pensionäre (siehe ab Seite 108)

Jahr	Versorgungs-freibetrag in Prozent	in Euro	Zuschlag in Euro	Jahr	Versorgungs-freibetrag in Prozent	in Euro	Zuschlag in Euro
2005	40	3 000	900	2023	13,6	1 020	306
2006	38,4	2 880	864	2024	12,8	960	288
2007	36,8	2 760	828	2025	12	900	270
2008	35,2	2 640	792	2026	11,2	840	252
2009	33,6	2 520	756	2027	10,4	780	234
2010	32	2 400	720	2028	9,6	720	216
2011	30,4	2 280	684	2029	8,8	660	198
2012	28,8	2 160	648	2030	8	600	180
2013	27,2	2 040	612	2031	7,2	540	162
2014	25,6	1 920	576	2032	6,4	480	144
2015	24	1 800	540	2033	5,6	420	126
2016	22,4	1 680	504	2034	4,8	360	108
2017	20,8	1 560	468	2035	4	300	90
2018	19,2	1 440	432	2036	3,2	240	72
2019	17,6	1 320	396	2037	2,4	180	54
2020	16	1 200	360	2038	1,6	120	36
2021	15,2	1 140	342	2039	0,8	60	18
2022	14,4	1 080	324	2040	0	0	0

Steuerpflichtiger Anteil gesetzlicher Renten (siehe ab Seite 116)

Jahr des Rentenbeginns	steuerpflichtiger Anteil in Prozent	Jahr des Rentenbeginns	steuerpflichtiger Anteil in Prozent
Vor 2006	50	2023	83
2006	52	2024	84
2007	54	2025	85
2008	56	2026	86
2009	58	2027	87
2010	60	2028	88
2011	62	2029	89
2012	64	2030	90
2013	66	2031	91
2014	68	2032	92
2015	70	2033	93
2016	72	2034	94
2017	74	2035	95
2018	76	2036	96
2019	78	2037	97
2020	80	2038	98
2021	81	2039	99
2022	82	2040	100

TABELLEN

Steuerpflichtiger Anteil privat finanzierter Renten
(Tabellenauszug, siehe ab Seite 117)

Lebensalter bei Rentenbeginn	steuerpflichtiger Anteil in Prozent	Lebensalter bei Rentenbeginn	steuerpflichtiger Anteil in Prozent
51	29	66	18
52	29	67	17
53	28	68	16
54	27	69	15
55	26	70	15
56	26	71	14
57	25	72	13
58	24	73	13
59	23	74	12
60	22	75	11
61	22	76	10
62	21	77	10
63	20	78	9
64	19	79	9
65	18	80	8

Rentenanpassungen seit 2005 (siehe ab Seite 116)

Datum der Renten- anpassung	Anpassung alte Bundesländer in Prozent	Anpassung neue Bundesländer in Prozent
01.07.2005	0	0
01.07.2006	0	0
01.07.2007	0,54	0,54
01.07.2008	1,10	1,10
01.07.2009	2,41	3,38
01.07.2010	0	0
01.07.2011	0,99	0,99
01.07.2012	2,18	2,26
01.07.2013	0,25	3,29
01.07.2014	1,67	2,53
01.07.2015	2,10	2,50

Steuersätze 2015 (siehe ab Seite 133)

zu versteuerndes Einkommen	Grenzsteuersatz	Durchschnitts-steuersatz	Grenzsteuersatz	Durchschnitts-steuersatz
	alleinstehend		verheiratet/verpartnert	
8 472	0,0 %	0,0 %	0,0 %	0,0 %
9 000	15,1 %	0,8 %	0,0 %	0,0 %
10 000	17,0 %	2,4 %	0,0 %	0,0 %
12 000	21,0 %	5,2 %	0,0 %	0,0 %
14 000	24,2 %	7,7 %	0,0 %	0,0 %
16 000	25,1 %	9,8 %	0,0 %	0,0 %
18 000	26,0 %	11,6 %	15,3 %	0,8 %
20 000	27,0 %	13,1 %	17,2 %	2,4 %
30 000	31,5 %	18,4 %	24,7 %	8,8 %
40 000	36,1 %	22,3 %	27,0 %	13,1 %
50 000	40,7 %	25,5 %	29,2 %	16,1 %
60 000	42,0 %	28,3 %	31,5 %	18,5 %
70 000	42,0 %	30,2 %	33,8 %	20,6 %
80 000	42,0 %	31,7 %	36,1 %	22,3 %
90 000	42,0 %	32,8 %	38,4 %	24,0 %
100 000	42,0 %	33,7 %	40,7 %	25,5 %

Einkommensteuertabelle Auszug, ohne Solidaritätszuschlag und ohne Kirchensteuer (siehe Seite 60)

zu versteuerndes Einkommen in Euro	Einkommensteuer in Euro allein-stehend	verheiratet/ verpartnert	zu versteuerndes Einkommen in Euro	Einkommensteuer in Euro allein-stehend	verheiratet/ verpartnert
8 472	0	0	10 500	324	0
8 600	18	0	11 000	417	0
8 700	32	0	11 500	515	0
8 800	46	0	12 000	618	0
8 900	61	0	12 500	725	0
9 000	76	0	13 000	838	0
9 100	91	0	13 500	956	0
9 200	107	0	14 000	1 076	0
9 300	122	0	14 500	1 198	0
9 400	138	0	15 000	1 321	0
9 500	154	0	15 500	1 444	0
9 600	170	0	16 000	1 570	0
9 700	186	0	16 500	1 696	0
9 800	203	0	17 000	1 823	6
9 900	220	0	17 500	1 952	78
10 000	237	0	18 000	2 081	152

TABELLEN

zu versteuerndes Einkommen in Euro	Einkommensteuer in Euro allein-stehend	verheiratet/ verpartnert	zu versteuerndes Einkommen in Euro	Einkommensteuer in Euro allein-stehend	verheiratet/ verpartnert
18 500	2 212	228	27 500	4 762	2 032
19 000	2 344	308	28 000	4 914	2 152
19 500	2 477	390	28 500	5 068	2 274
20 000	2 611	474	29 000	5 223	2 396
20 500	2 747	560	29 500	5 379	2 518
21 000	2 883	648	30 000	5 536	2 642
21 500	3 021	740	30 500	5 694	2 764
22 000	3 160	834	31 000	5 853	2 888
22 500	3 299	930	31 500	6 014	3 014
23 000	3 435	1 052	32 000	6 176	3 140
23 500	3 583	1 132	32 500	6 338	3 264
24 000	3 726	1 236	33 000	6 502	3 392
24 500	3 871	1 342	33 500	6 667	3 518
25 000	4 016	1 450	34 000	6 834	3 646
25 500	4 163	1 562	34 500	7 001	3 774
26 000	4 311	1 676	35 000	7 170	3 904
26 500	4 460	1 792	35 500	7 339	4 032
27 000	4 610	1 912	36 000	7 510	4 162

zu versteuerndes Einkommen in Euro	Einkommensteuer in Euro	
	alleinstehend	verheiratet/verpartnert
36 500	7 682	4 292
37 000	7 855	4 424
37 500	8 029	4 556
38 000	8 205	4 688
38 500	8 381	4 820
39 000	8 559	4 954
39 500	8 738	5 088
40 000	8 918	5 222
40 500	9 099	5 358
41 000	9 281	5 494
41 500	9 465	5 630
42 000	9 649	5 766
42 500	9 835	5 904
43 000	10 022	6 042
43 500	10 210	6 180
44 000	10 399	6 320
44 500	10 589	6 458
45 000	10 780	6 598
45 500	10 973	6 740

zu versteuerndes Einkommen in Euro	Einkommensteuer in Euro	
	alleinstehend	verheiratet/verpartnert
46 000	11 176	6 882
46 500	11 361	7 024
47 000	11 557	7 166
47 500	11 754	7 308
48 000	11 953	7 452
48 500	12 152	7 596
49 000	12 353	7 742
49 500	12 554	7 886
50 000	12 757	8 032
50 500	12 961	8 180
51 000	13 166	8 326
51 500	13 373	8 474
52 000	13 580	8 622
52 500	13 789	8 770
53 000	13 998	8 920
53 500	14 208	9 070
54 000	14 418	9 220
54 500	14 628	9 372
55 000	14 838	9 524

TABELLEN

zu versteuerndes Einkommen in Euro	Einkommensteuer in Euro	
	alleinstehend	verheiratet/ verpartnert
55 500	15 048	9 676
56 000	15 258	9 828
57 000	15 678	10 136
58 000	16 098	10 446
59 000	16 518	10 758
60 000	16 938	11 072
61 000	17 358	11 388
62 000	17 778	11 706
63 000	18 198	12 028
64 000	18 618	12 352
65 000	19 038	12 676
66 000	19 458	13 004
67 000	19 878	13 334
68 000	20 298	13 668
69 000	20 718	14 002
70 000	21 138	14 340
71 000	21 588	14 678
72 000	21 978	15 020
73 000	22 398	15 364
74 000	22 818	15 710
75 000	23 238	16 058
76 000	23 658	16 410
77 000	24 078	16 762
78 000	24 498	17 118
79 000	24 918	17 476
80 000	25 338	17 836
81 000	25 758	18 198
82 000	26 178	18 562
83 000	26 598	18 930
84 000	27 018	19 298
85 000	27 438	19 670
86 000	27 858	20 044
87 000	28 278	20 420
88 000	28 698	20 798
89 000	29 118	21 178
90 000	29 538	21 560
95 000	31 638	23 508
100 000	33 738	25 514

Register

Hier stehen in alphabetischer Reihenfolge alle steuerlich wichtigen Begriffe, die im Buch vorkommen. Darüber hinaus finden Sie hier weitere, in der Alltagssprache oft verwendete Begriffe. So ist zum Beispiel der „450-Euro-Job", der im Buch bis hierher nicht vorkommt, mit einem Verweis auf den Grundbegriff „Minijob" aufgeführt.
Alle Grundbegriffe, die im Kapitel „Begriffe und Tipps von A bis Z" ein eigenes Stichwort bilden, sind hier mit Seitenzahlen aufgeführt und fett gedruckt hervorgehoben, zum Beispiel **Alleinerziehende 31**". Bei allen anderen Begriffen erfolgt ein Verweis auf mindestens einen weiterführenden Grundbegriff, zum Beispiel „Abgeltungsteuer → Kapitalerträge".

REGISTER

1-Prozent-Regelung → Dienstwagen
1. Tätigkeitsstätte → Reisekosten
450-Euro-Job → Minijob

A

Abfindung 29
Abgabepflicht → Steuererklärung
Abgabetermin → Fristen und Termine
Abgeltungsteuer → Kapitalerträge
Abgeltungsteuersatz → Steuersätze
Abschreibung → AfA
Absetzung für Abnutzung → AfA
Abwesenheitsdauer → Reisekosten
Adoptivkinder → Kinder
AfA 30
AfA-Tabellen → AfA
Aktentasche → Arbeitsmittel
Alkoholiker → Krankheitskosten
Alleinerziehende 31
Alleinstehende → Lohnsteuerklassen
allgemeine Antragsgrenze → Lohnsteuerermäßigung
Altenheim → Krankheitskosten

alternative Heilmethoden → Krankheitskosten
Alterseinkünfte → Rentenbesteuerung
Alterseinkünftegesetz → Altersvorsorge, Rentenbesteuerung, Pensionäre, Rentner
Altersentlastungsbetrag 32
Altersrente → Rentenbesteuerung
Altersversorgung → Pensionäre, Rentenbesteuerung
Altersvorsorge 33
Altersvorsorgeaufwendungen → Altersvorsorge
Anbau → Handwerkerleistungen
Änderungsanträge → Steuerbescheid
Angehörige 35
Anlage AV → Riester-Förderung
Anlage EÜR → Freiberufler
Anlage G → Gewerbetreibende
Anlage KAP → Kapitalerträge
Anlage Kind → Kinder
Anlage N → Arbeitnehmer, Beamte, Pensionäre

Anlage R → **Rentner**
Anlage S → **Freiberufler**
Anlage SO → **sonstige Einkünfte**
Anlage U → **Steuererklärung**
Anlage Unterhalt → **Unterhalt**
Anlage V → **Vermietung**
Anlage Vorsorgeaufwand → **Steuererklärung.**
Anleger → **Freistellungsauftrag**
Anschaffungskosten → **AfA, Arbeitsmittel**
Antiquitäten → **AfA, Arbeitsmittel**
Antrag auf schlichte Änderung → **Steuerbescheid**
Antrag auf Lohnsteuerermäßigung → **Lohnsteuerermäßigung**
Antragsgrenze → **Lohnsteuerermäßigung**
Antragsveranlagung → **Steuererklärung**
Anwälte → **Altersvorsorge, Freiberufler**
Anwaltskosten → **Prozesskosten**
Apotheke → **Krankheitskosten**

Arbeitgeberdarlehen → **Arbeitgeberleistungen**
Arbeitgeberleistungen 36
Arbeitnehmer 37
Arbeitnehmerpauschbetrag 40
Arbeitnehmer-Sparzulage → **Vermögenswirksame Leistungen**
Arbeitsecke → **Arbeitszimmer**
Arbeitskleidung → **Berufskleidung**
Arbeitslose 41
arbeitslose Kinder → **Kinder**
Arbeitslosengeld → **Arbeitslose, Lohnersatzleistungen**
Arbeitslosenversicherung → **Versicherungsbeiträge**
Arbeitsmittel 42
Arbeitsstätte → **Reisekosten**
Arbeitsverträge → **Angehörige**
Arbeitsweg 43
Arbeitszimmer 44
Architekt → **Freiberufler**
Arzneimittel → **Krankheitskosten**

REGISTER

Arzt → Altersvorsorge, Freiberufler, Krankheitskosten
Arztkittel → Berufskleidung
Aufwandsentschädigungen 45
Au-pair → Kinder
Ausbau → Handwerkerleistungen
Ausbildung → Ausbildungsfreibetrag, Ausbildungskosten, Kinder, Unterhalt
Ausbildungsabbruch → Kinder
Ausbildungsabschnitte → Kinder
Ausbildungsdienstvertrag → Ausbildung
Ausbildungsfreibetrag 47
Ausbildungskosten 47
Ausbildungsplatz → Kinder
Ausbildungsversicherung → Versicherungsbeiträge
Ausgaben → Betriebsausgaben, Werbungskosten
Auslandsreisekrankenversicherung → Versicherungsbeiträge
Auslandstagegelder → Reisekosten
Auslandsübernachtungspauschalen → Reisekosten
Auslandsunterhalt → Unterhalt
Aussetzung der Vollziehung → Steuerbescheid
Außendienstmitarbeiter → Reisekosten
Auswärtstätigkeit → Doppelte Haushaltsführung, Reisekosten
Außergewöhnliche Belastungen 49
Auto → Arbeitsweg, Dienstwagen, Reisekosten
Azubis → Ausbildungskosten

B

Babysitter → Kinderbetreuungskosten
Bachelor → Ausbildungskosten, Kinder
Badekur → Krankheitskosten
Bahncard → Reisekosten
Banksparpläne → Riester-Förderung
Basisabsicherung → Krankenversicherung

Basiskrankenversicherung → Krankenversicherung
Basisrente → Altersvorsorge
Basisversorgung → Altersvorsorge
Baudenkmäler → AfA
Bausparen → Vermögenswirksame Leistungen, Beamte
Beamte 50
Beamtenpensionäre → Pensionäre
Bedarfsfreibetrag → Kinderfreibetrag
Bedürftigkeit → Unterhalt
Beerdigungskosten → Außergewöhnliche Belastungen
Beförderungskosten → Umzugskosten
Beifahrer → Arbeitsweg
Beihilfe → Krankenversicherung, Krankheitskosten
Beitragsbemessungsgrenze → Betriebliche Altersvorsorge
Beitragsermäßigung → Midijob
Beitragserstattung → Krankenversicherung
BFH → Finanzgerichte

Behinderte 51
Behindertenpauschbetrag → Behinderte
Behinderte Kinder → Kinder, Kinderbetreuungskosten
Behinderungsgrad → Behinderte
Belegschaftsaktien → Arbeitgeberleistungen
Belegschaftsrabatt → Arbeitgeberleistungen
Benzingutschein → Arbeitgeberleistungen
Berufsausbildung → Ausbildungskosten
Berufseinsteiger-Bonus → Riester-Förderung
Berufskleidung 52
Berufskrankheit → Behinderte
berufsständische Versorgungswerke → Altersvorsorge
Berufsunfähigkeitsrenten → Rentenbesteuerung

Berufsunfähigkeitsversicherung → Versicherungsbeiträge

Berufsverbände → Werbungskosten

Beschäftigungsort → Doppelte Haushaltsführung

besonderer Steuersatz → Lohnersatzleistungen, Steuersätze

Betreuer → Aufwandsentschädigung

Betreuungsdienst → Haushaltsnahe Dienstleistungen

Betriebliche Altersvorsorge 53

Betriebsausgaben 54

Betriebsausgabenpauschalen → Betriebsausgaben, Kleinunternehmer

Betriebseinnahmen → Betriebsausgaben

Betriebseröffnungsbogen → Existenzgründer

Betriebskleidung → Berufskleidung

Betriebsrente → betriebliche Altersvorsorge

betriebsübliche Nutzungsdauer → AfA

Betriebsveranstaltungen → Arbeitgeberleistungen

bewegliche Wirtschaftsgüter → AfA

Bewerbungsgespräche → Bewerbungskosten

Bewerbungskosten 55

Bewerbungsmappe → Bewerbungskosten

Bewerbungstrainings → Bewerbungskosten

Bewirtungskosten → Betriebsausgaben

Bilanz → Gewerbetreibende

Bildung → Ausbildungskosten

Bildungskredit → Ausbildungskosten

Blaumann → Berufskleidung

Blinde → Behinderte

Brillen → Krankheitskosten

Bügelkosten → Berufskleidung

Bundesfinanzhof → Finanzgerichte

Bundesfreiwilligendienst → Kinder

Bundessteuerberaterkammer → Steuerberatung

Bundeszentralamt für Steuern → ELStAM
Büromaterial → Arbeitsmittel
Büromöbel → Arbeitsmittel, Arbeitszimmer
Bürotechnik → Arbeitsmittel, Arbeitszimmer
BZSt → ElStAM

C

Chefarztbehandlung → Krankenversicherung
Computer → Arbeitsmittel, Arbeitszimmer

D

Dachausbau → Handwerkerleistungen
Darlehen → Arbeitgeberleistungen, Angehörige, Kapitalerträge
degressive Abschreibung → AfA
Denkmäler → AfA
Depotgebühren → Kapitalerträge
Diebstahl → Außergewöhnliche Belastung
Dienstkleidung → Berufskleidung
Dienstleistungen im Haushalt → Haushaltsnahe Dienstleistungen
Dienstverhältnis → Ausbildungskosten
Dienstwagen 56
Direktversicherung → Betriebliche Altersvorsorge, Rentenbesteuerung
Direktzusage → Betriebliche Altersvorsorge, Rentenbesteuerung
Dividenden → Kapitalerträge
Dolmetscher → Freiberufler
Doppelte Haushaltsführung 57
Durchführungswege → Betriebliche Altersvorsorge, Rentenbesteuerung
Durchschnittssteuersatz → Steuersätze

REGISTER

E

EDV-Berater → Freiberufler

eigener Hausstand → Doppelte Haushaltsführung

Ehe-/Lebenspartner 59

Ehepaare → Ehe-/Lebenspartner

Ehrenamtspauschale → Aufwandsentschädigung

einfache Entfernung → Arbeitsweg

Eingangssteuersatz → Steuersätze

eingetragene Lebenspartner → Ehe-/Lebenspartner

Einkommen → Einkünfte

Einkommensersatzleistungen → Lohnersatzleistungen

Einkommensteuersatz → Steuersätze

Einkünfte 60

Einkünfte aus Land- und Forstwirtschaft → Einkünfte

Einkünfte aus Gewerbebetrieb → Gewerbetreibende

Einkünfte aus selbstständiger Arbeit → Freiberufler

Einkünfte aus nichtselbstständiger Arbeit → Arbeitnehmer, Beamte, Pensionäre

Einkünfte aus Kapitalvermögen → Kapitalerträge

Einkünfte aus Vermietung und Verpachtung → Vermietung

Einkunftsarten → Einkünfte

Einnahmen → Einkünfte

Einnahmenüberschussrechnung → Freiberufler, Kleinunternehmer

Ein-Prozent-Methode → Dienstwagen

Einrichtungsgegenstände → Arbeitszimmer, Doppelte Haushaltsführung

Einspruch → Finanzgerichte, Steuerbescheid

Einzelveranlagung → Ehe-/Lebenspartner, Härteausgleich

Einzelzimmer → Krankenversicherung

elektronische Steuererklärung → ELSTER

Eltern → Alleinerziehende

Elterngeld → Lohnersatzleistungen
ELStAM 61
ELSTER 62
Entfernungspauschale → Arbeitsweg, Dienstwagen, Doppelte Haushaltsführung, Reisekosten
Entgeltersatzleistungen → Lohnersatzleistungen
Entlastungsbetrag → Alleinerziehende
Entwicklungshelfer → Kinder
Erhaltungsaufwand → Vermietung
Erholungsbeihilfen → Arbeitgeberleistungen
Erstausbildung → Ausbildungskosten, Kinder
Erststudium → Ausbildungskosten, Kinder
erste Tätigkeitsstätte → Arbeitsweg, Reisekosten
Erstwohnsitz → Doppelte Haushaltsführung
Ertragsanteil → Betriebliche Altersvorsorge, Rentenbesteuerung
Erwerbsminderungsrenten → Rentenbesteuerung
Erwerbstätigkeit → Kinder
Erwerbsunfähigkeitsversicherung → Versicherungsbeiträge
Existenzgründer 63
Existenzminimum → Freibeträge

F

Fachbuch → Arbeitsmittel, Ausbildungskosten
Fachliteratur → Arbeitsmittel, Ausbildungskosten
Fahrten zur Arbeit → Arbeitsweg
Fahrtenbuch → Dienstwagen
Fahrtkosten → Arbeitsweg, Doppelte Haushaltsführung, Reisekosten
Fahrtkostenzuschüsse → Arbeitsweg
Fährverbindung → Arbeitsweg
Faktorverfahren → Lohnsteuerklassen
Familienheimfahrten → Doppelte Haushaltsführung
Feiertagsarbeit → Lohnzuschläge

REGISTER

Fensterputzer → **Haushaltsnahe Dienstleistungen**
Ferienjob 64
Ferienwohnung → **Vermietung**
Festsetzungsfrist → **Steuerbescheid**
Feuer → **Außergewöhnliche Belastung**
Finanzgerichte 65
Flugverbindung → **Arbeitsweg**
Fortbildung → **Ausbildungskosten**
Freiberufler 66
Freibeträge 67
Freibetrag für den Betreuungs- und Erziehungs- oder Ausbildungsbedarf → **Kinderfreibetrag**
Freibetrag zur Abgeltung eines Sonderbedarfs → **Ausbildungsfreibetrag**
Freigrenze → **Freibeträge, Sonstige Einkünfte**
Freistellungsauftrag 68
freiwillige Steuererklärung → **Steuererklärung**
freiwilliges Jahr → **Kinder**
Fremdvergleich → **Angehörige**

Firmenwagen → **Dienstwagen**
Fondsausschüttungen → **Kapitalerträge**
Fristen und Termine 69
Fünftelregelung → **Abfindung**
Fußpfleger → **Krankheitskosten**

G

Garage → **Handwerkerleistungen**
Gartenpflege → **Haushaltsnahe Dienstleistungen**
Gärtner → **Haushaltsnahe Dienstleistungen**
Gebäudeabschreibung → **Arbeitszimmer, Doppelte Haushaltsführung**
Gebrauchsgegenstände → **sonstige Einkünfte**
Gebrauchsgrafiker → **Freiberufler**
Gebrauchtwagen → **Dienstwagen, Sonstige Einkünfte**
Gehaltsextras → **Arbeitgeberleistungen**
Gehhilfen → **Krankheitskosten**

geldwerter Vorteil → **Dienstwagen**
Gelegenheitsgeschäfte → **Sonstige Einkünfte**
Gemeindeabgaben → **Doppelte Haushaltsführung**
Gemeinnützigkeit → **Aufwandsentschädigung, Spenden**
Gericht → **Finanzgerichte**
Gerichtskosten → **Finanzgerichte**
geringfügig entlohnte Beschäftigung → **Ferienjob, Minijob**
geringfügige Beschäftigung → **Arbeitnehmer, Ferienjob, Minijob**
geringwertige Wirtschaftsgüter → **AfA, Arbeitsmittel**
Gesamtbetrag der Einkünfte → **Einkünfte**
Geschenke → **Arbeitgeberleistungen**
Geschäftswagen → **Dienstwagen**
Geschiedene → **Lohnsteuerklassen**
gesetzliche Altersvorsorge → **Altersvorsorge**
gesetzliche Krankenversicherung → **Krankenversicherung**
gesetzliche Renten → **Rentenbesteuerung**
gesetzliche Rentenversicherung → **Altersvorsorge, Versicherungsbeiträge**
Gesundheitshilfen → **Arbeitgeberleistungen**
Gewerbeamt → **Existenzgründer**
Gewerbeertrag → **Gewerbesteuer**
Gewerbebetrieb → **Gewerbetreibende**
Gewerbesteuer 70
Gewerbesteuererklärung → **Gewerbesteuer, Kleinunternehmer**
Gewerbesteuer-Messbetrag → **Gewerbesteuer**
Gewerbesteuer-Messzahl → **Gewerbesteuer**
Gewerbetreibende 71
Gewerkschaftsbeitrag → **Werbungskosten**
Gewinn → **Gewerbetreibende, Werbungskosten**

REGISTER

Gewinneinkünfte → **Werbungskosten**
gleichgeschlechtliche Lebenspartnerschaften → **Ehe-/Lebenspartner**
Gleitzone → **Midijob**
Gold → **Sonstige Einkünfte**
Grenzsteuersatz → **Steuersätze**
Grunderwerbsteuer 72
Grund und Boden → **AfA**
Grundfreibetrag → **Freibetrag**
Grundstücke → **Grunderwerbsteuer**
Grundstücksaufwendungen → **Betriebsausgaben**
Grundzulage → **Riester-Förderung**
Günstigerprüfung → **Kapitalerträge, Kindergeld, Krankenversicherung, Steuersätze**
Gutscheine → **Arbeitgeberleistungen**
GWG → **AfA, Arbeitsmittel**

H

Haftpflichtversicherungen → **Versicherungsbeiträge**
Handelsregister → **Gewerbetreibende**

Handwerkerleistungen 73
Härteausgleich 75
Hauptbogen → **Steuererklärung**
Haushaltsgemeinschaft → **Alleinerziehende**
Haushaltshilfe → **Haushaltsnahe Dienstleistungen**
häusliches Arbeitszimmer → **Arbeitszimmer**
Haushaltsnahe Dienstleistungen 76
Hausrat → **Außergewöhnliche Belastungen**
Hausratversicherung → **Arbeitszimmer**
Hauswart → **haushaltsnahe Dienstleistungen**
Hebammen → **Betriebsausgaben**
Hebesatz → **Gewerbesteuer**
Heilbehandlung → **Krankheitskosten**
Heilmethoden → **Krankheitskosten**
Heilmittel → **Krankheitskosten**

Heilpraktiker → Freiberufler, Krankheitskosten
Heimarbeiter → Arbeitszimmer
Heimbüro → Arbeitszimmer
Heimkosten → Krankheitskosten
Herstellungsaufwand → Vermietung
Heizungskosten → Arbeitszimmer
Hilfe zum Lebensunterhalt → Unterhalt
Hilfsmittel → Krankheitskosten
Hinterbliebenenrenten → Rentner
Hörgeräte → Krankheitskosten

I

Immobilien → AfA, Grunderwerbsteuer, Sonstige Einkünfte
Implantate → Krankheitskosten
Ingenieur → Freiberufler
Insolvenzgeld → Lohnersatzleistungen
Instandhaltungskosten → Arbeitsmittel
Internat → Schulgeld
Investitionsabzugsbetrag → AfA

J

jahresbezogener Sammelposten → AfA
Journalisten → Betriebsausgaben, Freiberufler

K

Kapitalabfindung → Rentenbesteuerung
Kapitalerträge 78
Kapitallebensversicherung → Altersvorsorge, Rentenbesteuerung, Versicherungsbeiträge
Kapitalvermögen → Einkünfte, Kapitalerträge
Kfz-Gutachter → Freiberufler
Kfz-Haftpflichtversicherung → Versicherungsbeiträge
Kfz-Kosten → Arbeitsweg, Behinderte, Dienstwagen, Reisekosten
Kinder 80

REGISTER

Kinderbetreuung → Arbeitgeberleistungen, Kinderbetreuungskosten
Kinderbetreuungskosten 82
Kinderförderung → Kinder, Ländergruppen
Kinderfreibetrag 83
Kindergarten → Kinderbetreuungskosten
Kindergeld 85
Kinderkrippe → Kinderbetreuungskosten
Kinderzulage → Riester-Förderung
Kirchen → Kirchensteuer
Kirchenaustritt → Kirchensteuer
Kirchengemeinde → Aufwandsentschädigung
Kirchensteuer 85
Kita-Kosten → Arbeitgeberleistungen, Kinderbetreuungskosten
Klage → Finanzgerichte
Kleidung → Außergewöhnliche Belastung
Kleinunternehmer 86
kleine und mittlere Unternehmen → AfA
KMU → AfA
Klempner → Handwerkerleistungen
Krankengeld → Krankenversicherung, Lohnersatzleistungen
Krankengymnast → Freiberufler
Krankenhaus → Krankheitskosten
Krankenhaustagegeldversicherung → Versicherungsbeiträge
Krankentagegeldversicherung → Versicherungsbeiträge
Krankenversicherung 88
Krankenversicherungsbeiträge → Krankenversicherung, Unterhalt, Versicherungsbeiträge
Krankheit → außergewöhnliche Belastungen, Krankheitskosten, zumutbare Belastung
Krankheitskosten 91
Kleidung → außergewöhnliche Belastungen, Spenden
Koch → haushaltsnahe Dienstleistungen

Kraftfahrzeug → **Dienstwagen**
Künstler → **Betriebsausgaben**
Kunstwerke → **AfA, sonstige Einkünfte**
Kur → **Krankheitskosten**
Kursgewinne → **Kapitalerträge**
Kursleiter → **Aufwandsentschädigung**
Kurzarbeitergeld → **Lohnersatzleistungen**
kurzfristige Beschäftigung → **Ferienjob**

L

Lager → **Arbeitszimmer**
Ländergruppen 92
Ländergruppeneinteilung → **Ausbildungsfreibetrag, Kinderbetreuungskosten, Kinderfreibetrag, Ländergruppen, Unterhalt**
Laptop → **Arbeitsmittel**
Lebensmittelpunkt → **Doppelte Haushaltsführung**
Lebenspartner → **Ehe-/Lebenspartner**
Lebensversicherung → **Altersvorsorge, Betriebliche Altersvorsorge, Versicherungsbeiträge**
Lehrer → **Arbeitszimmer**
Lehrtätigkeit → **Aufwandsentschädigung**
leichtfertige Steuerverkürzung → **Selbstanzeige**
Leistungsmitteilung → **betriebliche Altersvorsorge**
lineare Abschreibung → **AfA**
Lohnersatzleistungen 93
Lohnnachzahlung → **Abfindung**
Lohnsteuer → **Arbeitnehmer, ELStAM**
Lohnsteuerabzugsmerkmale → **ELStAM**
Lohnsteuerermäßigung 96
Lohnsteuerhilfeverein → **Steuerberatung**
Lohnsteuer-Jahresausgleich 99
Lohnsteuerkarte → **ELStAM**
Lohnsteuerklassen 100

Lohnsteuerklassenwahl → Lohnersatzleistungen, Lohnsteuerklassen
Lohnzuschläge 102

M

Maler → Handwerkerleistungen
Mantelbogen → Steuererklärung
Marktmiete → Vermietung
Massagen → Arbeitgeberleistungen, Krankheitskosten
Masterstudium → Ausbildungskosten
Maurer → Handwerkerleistungen
Medikamente → Krankheitskosten
Mehrwertsteuer → Umsatzsteuer
Miete → Arbeitszimmer, Doppelte Haushaltsführung, Vermietung
Mietentschädigung → Umzugskosten
Mietnebenkosten → Arbeitszimmer, Doppelte Haushaltsführung
Mietverträge → Angehörige
Minderungstabelle → Ländergruppen
Midijob 105
Minijob 106

Mischkosten → Steuerberatung
Mischnutzung → Arbeitsmittel
Mitarbeiterbeteiligung → Arbeitgeberleistungen
Mitgliedsbeiträge → Spenden, Werbungskosten
Möbel → Arbeitsmittel, Arbeitszimmer, Doppelte Haushaltsführung
Mütterrente → Lohnersatzleistungen

N

Nachhilfeunterricht → Betriebsausgaben, Umzugskosten
Nachtarbeit → Lohnzuschläge
nachträgliche Werbungskosten → Vermietung
Naturkatastrophen → Außergewöhnliche Belastungen
nebenberufliche Tätigkeit → Aufwandsentschädigung, Betriebsausgaben, Ferienjob, Härteausgleich, Minijob

nichtselbstständige Tätigkeit → **Arbeitnehmer**
Nichtveranlagungsbescheinigung → **Kapitalerträge**
Notar → **Freiberufler**
Nutzungsdauer → **AfA**
NV-Bescheinigung → **Kapitalerträge**

O

öffentliche Verkehrsmittel → **Arbeitsweg, Reisekosten**
Oldtimer → **Sonstige Einkünfte**
Orchesterdirigent → **Aufwandsentschädigung**
Ordnungswidrigkeit → **Selbstanzeige**

P

Parkgebühren → **Reisekosten**
Parteispenden 107
Pauschale → **Freibeträge**
Pauschbetrag → **Freibeträge**
Pensionäre 108
Pensionsbesteuerung → **Pensionäre, Werbungskosten**
Pensionsfonds → **Betriebliche Altersvorsorge, Riester-Förderung, Rentenbesteuerung**
Pensionskasse → **Betriebliche Altersvorsorge, Rentenbesteuerung**
Pflegebedürftigkeit → **Pflegekosten**
Pflegedienst → **Haushaltsnahe Dienstleistungen, Pflegekosten**
Pflegeheim → **Haushaltsnahe Dienstleistungen, Krankheitskosten, Pflegekosten**
Pflegekosten 110
Pflegestufe → **Außergewöhnliche Belastungen, Pflegekosten, Pflegepauschbetrag**
Pflegeversicherung 112
Pflegeversicherungsbeiträge → **Pflegeversicherung, Vorsorgepauschale, Unterhalt, Versicherungsbeiträge**
Physiotherapeut → **Krankheitskosten**

Pkw → Arbeitsweg, Behinderte, Dienstwagen

Pkw-Stellplatz → Doppelte Haushaltsführung

Platzwart → Aufwandsentschädigung

politische Parteien → Parteispenden

Polizeiuniform → Berufskleidung

Praxis → Arbeitszimmer

Privatdarlehen → Kapitalerträge

private Altersvorsorge → Altersvorsorge

private Haftpflichtversicherung → Versicherungsbeiträge

private Krankenversicherung → Krankenversicherung, Versicherungsbeiträge

private Pflegeversicherung → Pflegeversicherung, Versicherungsbeiträge

private Veräußerungsgeschäfte → Sonstige Einkünfte

private Renten → Rentenbesteuerung, Rentner, Versicherungsbeiträge

Privathaushalte → Minijobs, Handwerkerleistungen, Haushaltsnahe Dienstleistungen

private Steuerberatungskosten → Steuerberatung

Privatschulen → Schulgeld

Progressionsvorbehalt → Arbeitslose, Lohnersatzleistungen

Prozesskosten → Außergewöhnliche Belastungen, Finanzgerichte

Prüfungsgebühren → Ausbildungskosten

R

Rabattfreibetrag → Arbeitgeberleistungen

Raumausstattung → Arbeitszimmer

Raumkosten → Arbeitszimmer

Raucherentwöhnung → Arbeitgeberleistungen

Realsplitting → Sonderausgaben, Sonstige Einkünfte, Unterhalt

Reinigungskosten → Arbeitszimmer, Berufskleidung
Rechtsanwalt → Freiberufler
Reichensteuersatz → Steuersätze
Reisegepäck → Reisekosten
Reisekosten 113
Reisenebenkosten → Reisekosten
Religion → ELStAM, Kirchensteuer
Religionsgemeinschaften → Kirchensteuer
Renovierung → Arbeitszimmer, Doppelte Haushaltsführung, Handwerkerleistungen
Renten → Rentner, Sonstige Einkünfte, Werbungskosten
Rentenanpassung → Rentner
Rentenbesteuerung 116
Renteneinkünfte → Einkünfte, Rentner
Rentenerhöhung → Rentner
Rentenversicherungsbeiträge → Altersvorsorge
Rentenversicherungspflicht → Arbeitnehmer, Minijobs

Rentner 118
Reparaturarbeiten → Handwerkerleistungen
Richter → Beamte
Reinigungskosten → Arbeitsmittel, Arbeitszimmer, Doppelte Haushaltsführung
Riester-Förderung 120
Risikolebensversicherung → Versicherungsbeiträge
Rollstuhl → Krankheitskosten
Rückenschule → Arbeitgeberleistungen
Ruhegehalt → Pensionäre
Ruheständler → Arbeitszimmer, Pensionäre, Rentner
Rürup-Rente → Altersvorsorge, Beamte, Rentenbesteuerung

S

Sachgutscheine → Arbeitgeberleistungen
Sachspenden → Spenden

Sammelposten → AfA

Schadenersatzrenten → Rentenbesteuerung

Schadstoffe → Außergewöhnliche Belastungen

Schatzmeister → Aufwandsentschädigung

Scheidungskosten → Außergewöhnliche Belastungen

Schmuck → Sonstige Einkünfte

Schriftsteller → Betriebsausgaben

Schuheinlagen → Krankheitskosten

Schüler → Ferienjob

Schulgeld 121

Schulmedizin → Krankheitskosten

Selbstanzeige 122

Selbsthilfegruppe → Krankheitskosten

Semestergebühren → Ausbildungskosten

Solarstrom → Kleinunternehmer

Soldaten → Beamte

Solidaritätszuschlag 123

Sonderabschreibung → AfA

Sonderausgaben 124

Sonderzahlung → Abfindung

Sonntagsarbeit → Lohnzuschläge

Sonstige Einkünfte 124

Sozialversicherungsbeiträge → Arbeitnehmer, Krankenversicherung, Sonderausgaben, Versicherungsbeiträge

Sparer → Freistellungsauftrag

Sparerpauschbetrag → Freistellungsauftrag, Kapitalerträge, Werbungskosten

Spekulationsfristen → Veräußerungsgeschäfte

Spekulationsgeschäft → Veräußerungsgeschäfte

Spenden 125

Spendenbescheinigung → Parteispenden, Spenden

Spitzensteuersatz → Steuersätze

Splittingtarif → Ehe-/Lebenspartner

soziales Jahr → Kinder

Sozialversicherungsbeiträge → Altersvorsorge, Versicherungsbeiträge

Sporttrainer → **Aufwandsentschädigung**
Sportverein → **Aufwandsentschädigung**
Sprachkurs → **Ausbildung**
Staatspensionäre → **Pensionäre**
Stellengesuche → **Bewerbungskosten**
steuerbegünstigte Zwecke → **Spenden**
Steuerberater → **Freiberufler, Fristen und Termine, Steuerberatung**
Steuerberaterverband → **Steuerberatung**
Steuerberatung 127
Steuerbescheid 128
Steuererklärung 130
Steuererklärungspflicht → **Steuererklärung**
Steuererstattung → **Arbeitnehmer, Handwerkerleistungen, Haushaltsnahe Dienstleistungen, Parteispenden**
steuerfreie Lohnzuschläge → **Lohnzuschläge**
steuerfreie Renten → **Rentenbesteuerung**
Steuerhinterziehung → **Selbstanzeige**
Steuer-Identifikationsnummer → **ELStAM**
Steuerklassenkombination → **Lohnsteuerklassen**
Steuerklassenwahl → **Lohnsteuerklassen**
Steuerklassenwechsel → **Lohnsteuerklassen**
Steuerpflicht → **Steuererklärung**
steuerpflichtiger Rentenanteil → **Rentner**
Steuerprogramm → **Steuerberatung**
Steuerratgeberliteratur → **Steuerberatung**
Steuersätze 133
Steuerschuld → **Einkünfte**
Steuerverkürzung → **Selbstanzeige**
Straßenbenutzungsgebühren → **Reisekosten**
Stromkosten → **Arbeitszimmer**

Studenten → Ausbildungskosten, Ferienjob

Studiengebühren → Ausbildungskosten

Studio → Arbeitszimmer

T

Tagegelder → Reisekosten

Tageseltern → Betriebsausgaben

Tagesmutter → Betriebsausgaben, Kinderbetreuungskosten

Tätigkeitsstätte → Arbeitsweg, Reisekosten

technische Geräte → Handwerkerleistungen

Telearbeiter → Arbeitszimmer

Telekommunikationsgeräte → Arbeitsmittel

Termine → Fristen und Termine

Tierarzt → Freiberufler

Tierhalter-Haftpflichtversicherung → Versicherungsbeiträge

Treppenreinigung → Haushaltsnahe Dienstleistungen

Trocknungskosten → Berufskleidung

U

Übernachtungskosten → Reisekosten

Übernachtungspauschalen → Reisekosten

Übungsleiter-Freibetrag → Aufwandsentschädigung

Überschusseinkünfte → Werbungskosten

Umsatz → Existenzgründer, Kleinunternehmer, Umsatzsteuer

Umsatzsteuer 136

Umsatzsteuererklärung → Kleinunternehmer

umsatzsteuerfreie Umsätze → Kleinunternehmer

Umsatzsteuer-Voranmeldung → Existenzgründer, Kleinunternehmer, Umsatzsteuer

Umzugskosten 136

Umzugspauschalen → Haushaltsnahe Dienstleistungen, Umzugskosten

Unfallkosten → Arbeitsweg, Reisekosten

Unfallrenten → Rentenbesteuerung

Unfallversicherung → Versicherungsbeiträge

Uniform → Berufskleidung

Unterhalt 138,

unterhaltsberechtigte Angehörige → Angehörige, Außergewöhnliche Belastungen, Sonderausgaben, Unterhalt

Unterkunftskosten → Doppelte Haushaltsführung, Reisekosten

Unterricht → Kinderbetreuungskosten

Unterstützungskasse → betriebliche Altersvorsorge, Rentenbesteuerung

Unternehmer → Kleinunternehmer

Unwetter → Außergewöhnliche Belastung

V

Veräußerungsgeschäfte → Sonstige Einkünfte

Veräußerungsgewinne → Kapitaleinkünfte, Sonstige Einkünfte

verbilligte Vermietung → Vermietung

Verböserung → Steuerbescheid

Verein → Aufwandsentschädigung

Vereinsvorstand → Aufwandsentschädigung

Vereinfachte Steuererklärung für Arbeitnehmer → Steuererklärung

Verheiratete → Ehe-/Lebenspartner

Verjährungsfrist → Steuerbescheid

Verletztengeld → Lohnersatzleistungen

Verlustausgleich → Verluste

Vermieter → Vermietung

Vermietung 142

Vermietung an Angehörige → Vermietung

Vermögensbeteiligung → Arbeitgeberleistungen, Vermögenswirksame Leistungen

Vermögensübertragung → Rentner, Sonderausgaben

Vermögenswirksame Leistungen (VL) 144

Verpflegungskosten → Reisekosten

Verpflegungspauschalen → Reisekosten

Versicherungsbeiträge 145

Versicherungsfreiheit → Beamte, Betriebliche Altersvorsorge

Versicherungskosten → Arbeitszimmer

Versorgungsfreibetrag → Pensionäre

Versorgungsrenten → Rentner

Versorgungswerke → Altersvorsorge, Sonstige Einkünfte

Verträge mit Angehörigen → Angehörige

Verwandtschaft → Angehörige

Volkshochschulen → Aufwandsentschädigung

vorausgefüllte Steuererklärung → ELSTER

Vortragstätigkeit → Aufwandsentschädigung

Vormund → Aufwandsentschädigung

Vorschulkinder → Arbeitgeberleistungen

Vorsorgeaufwand → Altersvorsorge, Betriebliche Altersvorsorge, Versicherungsbeiträge

Vorsorgepauschale 148

vorweggenommene Betriebsausgaben → Betriebsausgaben, Existenzgründer

vorweggenommene Werbungskosten → Arbeitslose, Werbungskosten

W

Wählervereinigungen → Parteispenden

Warengutschein → Arbeitgeberleistungen

Wartungsarbeiten → Handwerkerleistungen

Waschmaschine → Berufskleidung, Handwerkerleistungen
Wasserkosten → Arbeitszimmer
Weg zur Arbeit → Arbeitsweg
Wehrdienst → Kinder
Weiterbildung → Ausbildungskosten
Wellness → Krankheitskosten
Werbungskosten 149
Werbungskostenpauschalen → Arbeitnehmerpauschbetrag, Werbungskosten
Werkspensionäre → Pensionäre
Werkzeug → Arbeitsmittel
Werkspension → Pensionsbesteuerung
Werkstatt → Arbeitszimmer
Winterausfallgeld → Lohnersatzleistungen
Winterdienst → Haushaltsnahe Dienstleistungen
Wintergarten → Handwerkerleistungen
Wirtschaftsgut → AfA
Wirtschaftsprüfer → Freiberufler

Wissenschaftler → Betriebsausgaben
Witwe/Witwer → Lohnsteuerklassen, Pensionäre, Rentenbesteuerung
Wohlfahrtsverbände → Aufwandsentschädigung
Wohnnebenkosten → Haushaltsnahe Dienstleistungen
Wohn-Riester → Riester-Förderung
Wohnstift → Haushaltsnahe Dienstleistungen
Wohnungsbauprämie → Vermögenswirksame Leistungen
Wohnungsbauzulage → Vermögenswirksame Leistungen

Z

Zahnarzt → Freiberufler, Krankheitskosten
Zahnersatz → Krankheitskosten
Zinsen → Kapitalerträge
Zivildienst → Kinder

REGISTER

zu versteuerndes Einkommen → Einkünfte

zumutbare Belastung 152

Zusammenballung → Abfindung

Zusammenveranlagung → Ehe-/Lebenspartner, Härteausgleich

Zuschlagsteuern → Einkünfte, Kirchensteuer, Solidaritätszuschlag

Zuschlag zum Versorgungsfreibetrag → Pensionäre

Zuwendungsbescheinigung → Spenden

Zuzahlungen → Krankheitskosten

Zweitausbildung → Ausbildungskosten, Kinder

Zweitstudium → Ausbildungskosten, Kinder

Zweitwohnsitz → Doppelte Haushaltsführung

Zweitwohnung → Doppelte Haushaltsführung

2., aktualisierte Auflage
© 2015 Stiftung Warentest, Berlin

Stiftung Warentest
Lützowplatz 11–13
10785 Berlin
Telefon 0 30/26 31-0
Fax 0 30/26 31-25 25
www.test.de
email@stiftung-warentest.de

USt-IdNr.: DE 1367 25570

Vorstand: Hubertus Primus
Weitere Mitglieder der Geschäftsleitung:
Dr. Holger Brackemann, Daniel Gläser

Alle veröffentlichten Beiträge sind urheberrechtlich geschützt. Die Reproduktion – ganz oder in Teilen – bedarf ungeachtet des Mediums der vorherigen schriftlichen Zustimmung des Verlags. Alle übrigen Rechte bleiben vorbehalten.

Programmleitung: Niclas Dewitz

Autor: Hans W. Fröhlich
Projektleitung: Ursula Rieth
Lektorat: Niclas Dewitz, Florian Ringwald
Fachliche Unterstützung: Uwe Rauhöft
Mitarbeit: Ute Brandt

Titelgestaltung: Susann Unger, Berlin
Layout und Satz: Anne-Katrin Körbi

Verlagsherstellung: Rita Brosius (Ltg.), Susanne Beeh
Produktion: Vera Göring
Litho: tiff.any GmbH, Berlin

Druck: Aumüller Druck GmbH & Co. KG

ISBN: 978-3-86851-378-3